书山有路勤为径，优质资源伴你行
注册世纪波学院会员，享精品图书增值服务

AI

助力销售提效

AI提升销售业绩的24种方法

[美] 杰 布·布朗特（Jeb Blount）
安东尼·伊安纳里诺（Anthony Iannarino）　著
唐国华　卢小雷　译

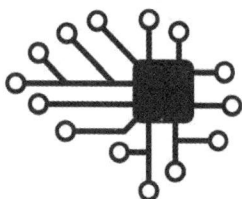

THE AI EDGE

SALES STRATEGIES FOR UNLEASHING THE POWER OF
AI TO SAVE TIME, SELL MORE, AND CRUSH THE COMPETITION

电子工业出版社.
Publishing House of Electronics Industry
北京·BEIJING

版权贸易合同登记号　图字：01-2024-6445

图书在版编目（CIP）数据

AI 助力销售提效 ：AI 提升销售业绩的 24 种方法 / （美）杰布·布朗特（Jeb Blount），（美）安东尼·伊安纳里诺（Anthony Iannarino）著 ；唐国华，卢小雷译. 北京 ：电子工业出版社，2025. 7. -- ISBN 978-7-121 -50846-2

Ⅰ. F713.3-39

中国国家版本馆 CIP 数据核字第 2025B28L72 号

责任编辑：袁桂春
印　　刷：山东华立印务有限公司
装　　订：山东华立印务有限公司
出版发行：电子工业出版社
　　　　　北京市海淀区万寿路 173 信箱　邮编：100036
开　　本：720×1000　1/16　印张：16　字数：220 千字
版　　次：2025 年 7 月第 1 版
印　　次：2025 年 7 月第 1 次印刷
定　　价：78.00 元

凡所购买电子工业出版社图书有缺损问题，请向购买书店调换。若书店售缺，请与本社发行部联系，联系及邮购电话：（010）88254888，88258888。

质量投诉请发邮件至 zlts@phei.com.cn，盗版侵权举报请发邮件至 dbqq@phei.com.cn。

本书咨询联系方式：（010）88254199，sjb@phei.com.cn。

推荐序

让 AI 成为销售的"最佳助攻手"

从事解决方案销售二十余年，常有年轻同事问我："做好销售工作，最难的是什么？"我的答案始终是："在对的时间，用对的方式，给对的人讲对的故事。"这几个"对"字，道出了 B2B 销售的精髓——既要懂产品，还要懂客户；既要会分析，还要会共情。

在阅读本书时，这几个"对"字不断浮现在脑海。在 AI 技术重塑各行各业的今天，销售行业也正处在一个微妙的十字路口。本书阐明了一个核心命题：AI 不是销售人员的"替代者"，而是"放大器"——它能处理烦琐的事务，却替代不了人与人之间的信任关系；它能生成数据分析，却离不开人对需求的深刻洞察。

销售的核心是"以客户为中心"的价值创造。以往，我们需要翻阅年报，查找行业报告来理解客户的业务场景。AI 的出现让这一过程变得高效、精准。书中的案例令人印象深刻：一位销售人员借助 AI 工具，在半小时内就完成了客户公司的深度分析（包括战略调整、高管变动、业务痛点等），而以往这需要至少一周时间。更重要的是，AI 能生成有针对性的提问建议，帮助销售人员直击客户最关注的业务问题。这正是销售工作所需的"最佳助攻手"——让销售人员从信息搜集中脱身，专注于与客户建立信任，共创解决方案。

但 AI 工具的发展也让很多人陷入了误区。一些新入行的销售人员用 AI 生成了一份"完美提案"，却被客户当场指出："不懂我们的业务。"正如书中所言："优秀销售人员的不可替代性在于，他们能读懂言外之意……"采购总监说"预算紧张"，可能是希望你证明投资回报率；技术负责人强调"兼容性"，可能是担心后续运维的复杂度。这些细微信号需要销售人员用同理心和经验来解读，这正是 AI 短期内无法替代的。

我见过很多"技术至上"的销售团队：用 AI 批量发送邮件，用算法筛选客户，却忘了销售的本质是"人影响人"。本书强调的 3 个"A"——采用（Adopt）、适应（Adapt）、精通（Adept），道破了关键。真正的销售高手会把 AI 当作"可定制的工具"：用 AI 生成需求分析框架，再根据行业情况进行调整；用 AI 模拟谈判场景，再结合决策者特点优化策略。这种"人机协同"才是 AI 时代的竞争力。

十年前，我花了八个月跟进一位制造业客户，做了三次调研，修改了七版方案。现在想来，若有本书提到的 AI 工具，或许能更快地找到核心问题。这正是技术的意义：不是替代人，而是让工作更有方向。

对于资深销售人员来说，本书更像一面镜子，让我们审视自己的优势和盲区。在 AI 时代，销售的本质从未改变：以专业解决问题，以真诚连接人心。

只有将 AI 作为"整理数据、生成初稿、提示风险"的助手，同时守住"本地合规、人情连接、细节验证"的底线，才能真正让技术为销售赋能。

武宝权

解决方案销售高级认证讲师、咨询顾问

译者序

当我决定接手本书的翻译工作时，内心既充满了期待，又深知责任重大。在翻译过程中，我仿佛经历了一次跨越语言和文化的知识之旅，深刻体会到了 AI 与销售策略融合所带来的革命性价值。

在当今科技飞速发展的时代，AI 如浪潮般席卷全球，深刻重塑着我们生活和工作的方式。作为经济活动的重要组成部分，销售领域正经历着前所未有的变革。本书作者杰布·布朗特和安东尼·伊安纳里诺凭借敏锐的洞察力和丰富的实践经验，精准把握这一趋势，撰写了这部极具前瞻性和实用性的销售指南。

本书的价值不仅在于系统阐述了利用 AI 提升销售业绩的具体方法和策略，更在于启发读者以全新的视角审视销售职业。在 AI 时代，销售已进化为借助先进技术实现精准定位、高效沟通和个性化服务的智能博弈。通过阅读本书，无论你是初出茅庐的销售新手，还是经验丰富的销售精英，都能从本书中汲取灵感，实现系统化的能力提升，从而在激烈的市场竞争中占据优势。

关于 AI 赋能销售的思考

AI 在销售领域的应用正引发深刻的变革，其影响既广泛又深远。AI 应用的优势显而易见，它能高效处理海量数据，挖掘潜在客户的细微需求和偏好模式。例如，通过分析客户的网络行为轨迹，AI 可以评估客户对特定产品或服务的兴趣程度，帮助销售人员开展精准营销，显著提高销售线索的转化率。同时，AI 驱动的自动化流程，如智能客服、自动预约系统等，可为销售人员节省大量时间，使他们能将更多的精力投入高价值的客户互动。

然而，AI 应用也面临着诸多挑战。在技术层面上，数据的准确性和完整性是一大难题，若数据存在偏差或缺失，AI 的分析结果就可能产生错误的结论。而且，AI 在理解人类复杂情感和深层次需求方面仍有局限性，难以完全替代销售人员的人际沟通能力。值得注意的是，过度依赖 AI 可能导致销售人员自身能力的退化，如解读客户非语言信号、建立深层次信任关系等能力。在伦理和法律层面上，AI 应用还涉及客户隐私保护、算法公平性等问题，处理不当可能引发客户信任危机，给企业带来负面影响。

面对这些挑战，在销售领域应用 AI 时，我们必须保持理性认识。我们应将 AI 视为提升销售效率的有力助手，同时注重培养和强化人类特有的能力，实现人机优势互补。此外，我们还需要持续关注 AI 技术的发展动态，积极应对新问题，确保 AI 在销售领域的应用健康、可持续，推动销售行业不断进步。

建议和期待

在 AI 日益普及的今天，销售领域正经历着深刻的变革。本书为读者提供了开启 AI 时代销售成功之门的钥匙，而如何运用这把钥匙，还需要读者通过深入阅读和学习来逐渐领悟。

对于销售人员，我建议你以开放的心态拥抱 AI 技术。不要将 AI 视为威胁，而应将其视为提升自身能力的有力工具。在阅读本书的过程中，可结合自己的实际工作，思考如何将书中的方法和策略应用于日常销售工作。同时，要注重实践和练习，不断尝试新方法，总结经验教训，持续提升销售能力。

对于销售领域的研究者和学习者，本书也是难得的参考资料。它不仅能帮助你了解 AI 在销售中的应用现状和发展趋势，还能为学术研究提供新的思路。希望你在本书的基础上，进一步探索 AI 与销售的深层关系，为推动销售理论和实践的发展贡献力量。

在翻译本书的过程中，我得到了许多帮助和支持，在此，谨向所有给予帮助的人士表示衷心感谢！感谢作者杰布·布朗特和安东尼·伊安纳里诺创作了如此优秀的作品，为销售领域的发展贡献了宝贵的智慧结晶。感谢电子工业出版社的卢小雷老师在版权协调和编辑方面给予的巨大帮助。同时，我也要感谢我的家人和朋友，在我翻译的过程中，他们给予我充分的理解、鼓励和支持，让我能够全身心地投入这项工作。

衷心希望每位读者都能从本书中获得启发和帮助，在 AI 时代的销售舞台上展现卓越的风采，创造辉煌的业绩。让我们共同借助 AI 的优势，发挥 AI 的潜能，开启销售领域的新篇章！

唐国华

销售人效增长教练

微信：13601107787

邮箱：jeffei.tang@icloud.com

2402335520@qq.com

前　言

第一代

我们正在踏上变革之旅，旨在利用人工智能（Artificial Intelligence，AI）的力量来节省时间，销售更多产品并重新定义销售艺术。本书是一个指南，可帮助你确定如何将 AI 整合至现有的销售流程和销售方法。

你是第一代接触 AI 的销售领导者、销售经理和销售人员。毫无疑问。此刻正是历史的转折点，我们将与过去诀别，而且再无退路。未来的销售人员将与 AI 并肩作战，你的客户亦然。

可以肯定的是，大多数现代销售人员都将通过使用 AI 来实现流程自动化，减轻工作负担，从而节省时间，例如，在你的客户关系管理（Customer Relationship Management，CRM）系统中更新联系人信息，或者根据你的笔记将交易机会从当前阶段推进至下一阶段。

一些公司可能做出注定失败的决定——将整个销售和服务流程完全自动化。这些公司认为，可以用冷冰冰的机器和代码来取代人际互动。虽然这可能适用于低风险的交易型销售，但是，当客户面临关键决策且必须一次成功时，这种方法几乎注定失败。

在复杂的购买决策和长周期销售活动中，作为销售人员，你的作用将比以往更加关键。在这个加速变革、事物被持续颠覆的时代，买家已经难以获得足够的信心和确定性来推进交易。当面临关键决策时，他们仍然需要你的专业建议和指导。

好消息是，在 AI 时代，你对软技能、人际关系和人际互动的掌控，将给你带来巨大的竞争优势。

坏消息是，如果在使用 AI 工具方面行动迟缓，你很快就会被那些使用 AI 工具的人甩在后面。因为你是第一代接触 AI 的人，所以没有现成的 AI 应用路线图。而这，也正是我们撰写本书的缘起。

聚焦销售

本书是利用 AI 节省时间并增加销售额的基础指南，旨在助你驾驭强大的引擎，以实现销售目标。

这是一本有关销售的书籍，而非技术类书籍。我们将教会你如何在销售流程中利用 AI 来获得竞争优势。我们将 AI 与实现销售目标联系起来，并特别关注以下领域：

- 沟通和信息传递。
- 开发潜在客户。
- 拜访前的计划和研究。
- 有效的销售对话。
- 挖掘需求和洞察销售。
- 演示和商业案例。
- 谈判和成交。

我们是销售人员，本书也是为销售人员而写的。我们崇尚简洁明快的章节风格，你会发现，本书正是采用了这种写法——简短、精练且切中要点。

统一的表述

为了避免合著书中常见的那种烦琐的、你来我往的对话，在大多数情况下，我们采用统一的表述。在销售方面，我们有共同的理念，没有必要分列观点。我们也相信，销售技巧或方法没有绝对的标准。所有方法都可能有效。在各种独特的销售情境中，由你自行决定哪种方法能带来最高的成功率。

为了说明背景，或者引用不同的观点或我们各自的知识产权，在某些情况下，我们会明确说明某个特定的技巧或框架的归属（安东尼或杰布），并注明信息的来源。

把握当下

通过精心的规划和执行，生成式 AI 可以成为强大的工具，帮助你提升销售业绩。然而，当你初涉 AI 领域时，可能感到不知所措。技术革新日新月异，令人难以找准切入点。

我们的目标不是提供现有工具和平台的详尽清单，以及每个工具的具体使用方法。毕竟，技术发展得太快了，书籍很难做到这样的时效性。

相反，我们将概述 AI 工具如何为销售人员提供支持。当然，我们会提到一些最重要且最有前景的软件，但也会放眼全局，帮你更好地理解 AI 的适用场景，以及何时更需要发挥人性优势。通过掌握本书提到的指导方针和基本原则，你将在工作中更游刃有余地甄别各类 AI 工具。

我们深知，我们正处于 AI 革命的开端。本书正是为此关键转折点而作的。当下就是最佳时机：你需要学习如何将 AI 融入销售活动，并将人类的直觉、创造力和同理心与 AI 融合，以获得决定性的竞争优势。

此时正是开启 AI 赋能销售之旅的最佳窗口期。你需要为此做好准备，因为 AI 的列车即将到来，请即刻启程，切勿错失这一历史性的机遇！

免责声明

本书仅供参考之用。作者、出版社及相关贡献方（以下统称为"我们"）不对本书所载内容的完整性、准确性、可靠性、适用性及可用性做任何明示或暗示的担保。读者基于本书内容所做的任何决策，其风险均须自行承担。

本书所探讨的 AI 领域的假设场景、新兴技术及未来发展趋势均属前瞻性推测，不构成对未来发展的承诺。鉴于 AI 技术持续快速迭代，本书部分内容可能随技术发展而失去时效性。

目　录

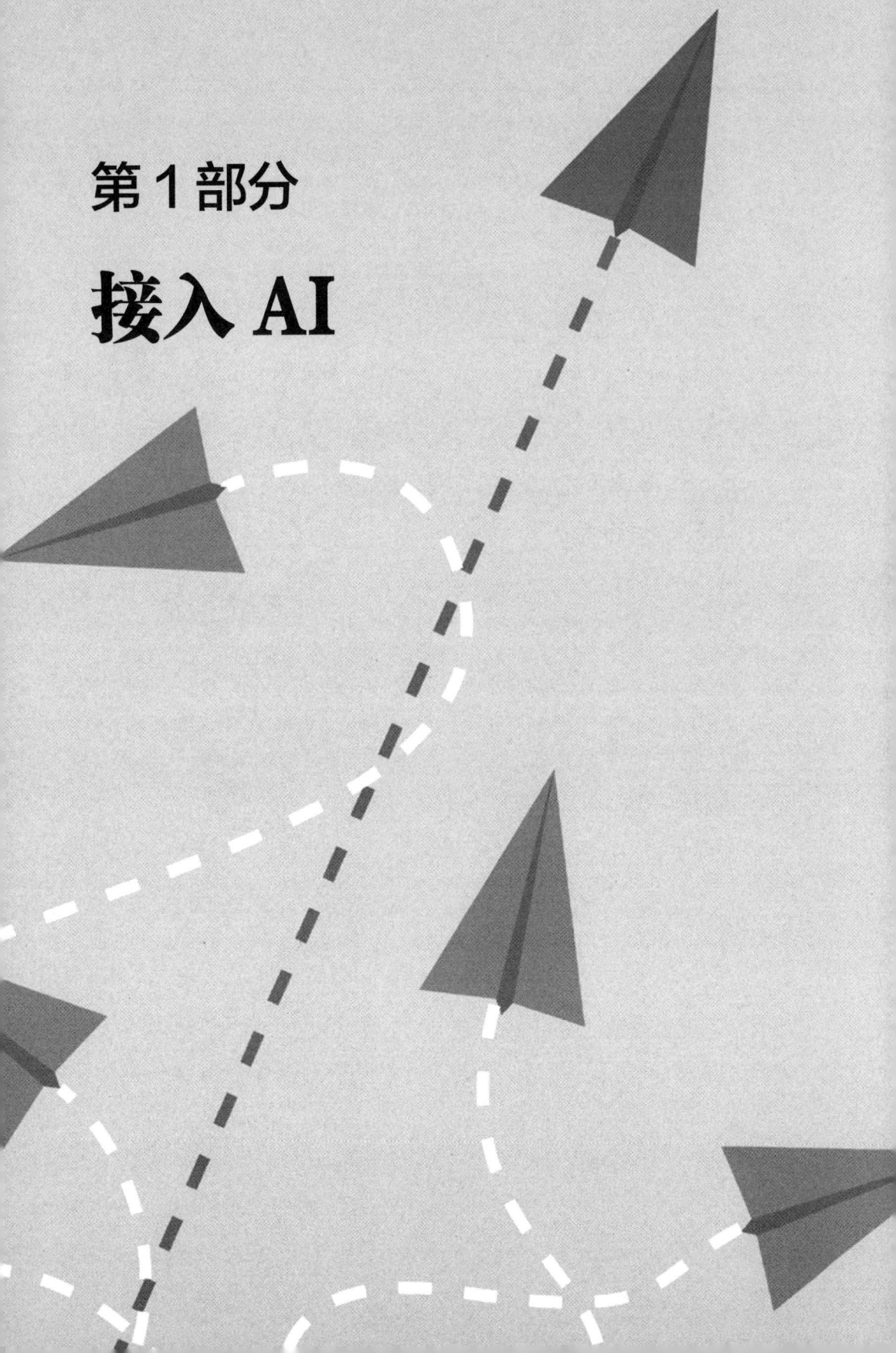

第 1 部分

接入 AI

未来的就业市场将由那些 AI 无法胜任的工作构成。

——加来道雄

第 1 章

万物之始

2023 年年初的一个夜晚，我（杰布）在 ChatGPT（非常早期的版本）中输入："写一个关于之字形土狼、沼泽山猫与威尔逊先生的猎狐犬的故事。"当我亲眼看见它在短短几秒钟内就写出了这个故事时，我感到既兴奋又恐惧。

我把这个故事拿给妻子看："读读这个故事。这是由 ChatGPT 写的。"她读后，斩钉截铁地反驳："程序绝对不可能写出这样的故事！"甚至认为我在骗她。

在那一刻，我顿悟了：世界的一切都改变了。一个新时代正扑面而来。

纵观人类万年文明史，真正颠覆世界的关键时刻屈指可数。而几乎所有这些时刻都发生在过去的百年之间。

车轮的问世使交通运输成为可能。

农业技术的革命和动物的驯化使我们从饥肠辘辘的狩猎者变成了文明的缔造者。

我们认识到地球是圆的而非平的。

我们利用风力进行海上运输，既推动了探索和文明扩张，也带来了殖民血泪。

印刷机打破了知识垄断的桎梏。

火药改变了战争格局，就像原子弹重构了和平秩序。

电力使现代生活中的一切成为可能。

电灯驱散了亘古长夜。

青霉素结束了人类因感染而遭受的病痛。

疫苗消灭了顽疾，人类的寿命实现了质的飞跃。

电报实现了跨地域沟通。

电话使人们在全球范围内相互联系。

视频通话消弭了地理隔阂，让我们看到彼此的共同之处。

火车、飞机和汽车催生了全球经济体。

我们进入了太空，登陆了月球、火星。

比尔·盖茨让强大的计算能力"飞入寻常百姓家"。

互联网使知识无处不在，并把每个人都"连接"起来。

谷歌改变了互联网。

史蒂夫·乔布斯发明了 iPhone，把一台小电脑纳入方寸之间，既改变了人类的行为模式，也让我们沉溺于这个令人分心的小设备。

脸书、抖音等社交媒体实现了知识平权，也让我们有机会实时围观世间百态。

然后，AI 的突然降临，犹如打开了潘多拉魔盒，它几乎颠覆了一切——至少我们有着如此真切的感知。

这会是人类的终章吗？若想真切体会这种可能性（可别被吓破胆），你应该看看《终结者》以及众多其他展现 AI 黑暗面的反乌托邦电影，这些电影将告诉你 AI 可能带来的梦魇。

AI 或许会灭绝人类？现阶段大概率不会。毕竟我们还有手指这个终极武器——可以拔掉电源插头，当然，机器人很可能趁我们不注意又偷偷把插头插回去。

更有可能的情况是，超级聪明的人类（像你一样）将驾驭 AI 的力量，借此提升效能，优化表现，获得竞争优势，并最终夺回所有科技发明都无法增多的终极资源：时间。这也是我们最宝贵且不可再生的稀缺资源。

这实际上完全取决于你的视角、你选择的心态，以及你看待 AI 的角度。

顿悟时刻

那天晚上，躺在直呼"见鬼"的妻子身旁，我迎来了一个顿悟时刻。我多希望把精灵重新封回神灯。像鸵鸟一样把头埋进沙子里，逃避这个见证人类文明重大转折的事实。但是，你无法逃避真相。

在这个全新的世界里，人类将分为三个阵营：

1. 被 AI 取代的淘汰者。
2. 被 AI 控制的附庸者。
3. 被 AI 强化的进化者。

要在未来立于不败之地，我们必须跻身第三阵营。关键在于，我们要坚守人性的本质，极致发挥人类独有的核心能力，将 AI 转化为增强人类优势的杠杆，从而腾出更多的精力深耕我们最擅长的领域。

第 2 章

AI 无处不在，无时不在

稍有阅历的人都知道，技术的发展有多快。变化的速度持续超过人类接受和理解它的能力。从早期阶段到如今，我们正处在 AI 创新大规模爆发的前夜。自从人类首次设想"思维可以机械化"以来，AI 一直在稳步发展。

如今，AI 无处不在，无时不在，这股颠覆世界的技术浪潮似乎骤然而至。但事实上，用欧内斯特·海明威（在论及破产时）的那句名言来描述 AI 的发展再恰当不过了："先渐进，后突然。"

塔罗斯

自人类诞生之初，我们就一直在传颂智能机器的故事。现代 AI 的雏形，最早可追溯至古希腊、古中国和古印度的说书人和哲学家。亚里士多德等古代哲学家曾试图将逻辑推理结构化和系统化。

一些古代文献很像现代科幻小说，充斥着由人类或神明创造的超凡智能体。其中，一个早期的例子是塔罗斯（铜制人形生物），它由众神创造，负责保护克里特岛。塔罗斯成功地完成了它的使命，直到被半神女巫美狄亚打败。在这个例子中，AI 挫败了人类，但被魔法击败。

在 17 世纪，霍布斯、笛卡尔和莱布尼茨等哲学家持续探索将理性思维简化为数学算法的路径。他们的工作成果为 20 世纪早期的数学逻辑研究奠定了基础，这是 AI 领域的第一个真正突破。

图灵测试

1950 年，神经网络方兴未艾之际，艾伦·图灵提出了划时代之问："机器能思考吗？"为了回答这个问题，他开发了著名的、影响深远的图灵测试，用来检验机器是否能展示出与人类无异的智能行为。

图灵测试的工作原理为：让一个人通过文字对话，来判断不可见的交流对象是人类还是计算机。如果计算机被误判为人类，则视该计算机通过了图灵测试，因为它展示了"思考"的能力。

顺便说一句，图灵是第二次世界大战期间破解纳粹的恩尼格玛密码的英国科学家。这一壮举使战争缩短了数年，拯救了数百万人的生命。

神经网络

使计算机和机器人具备像人类一样思考和行动能力的现代征程始于 1943 年，当时，沃尔特·皮茨和沃伦·麦卡洛克在人工神经元方面做了大量的研究工作，这为后来的神经网络奠定了基础。

1951 年，哈佛大学教授马文·明斯基成功研制了第一台神经网络机器，这直接促成了 1956 年达特茅斯研讨会的召开。"达特茅斯 AI 夏季研究项目"

（达特茅斯研讨会的正式名称）被公认为 AI 成为系统化学科的里程碑。

达特茅斯研讨会的发起人包括：马文·明斯基、约翰·麦卡锡（达特茅斯学院）、纳撒尼尔·罗切斯特（IBM）和克劳德·香农（贝尔实验室）。在两个月的时间里，他们联合了众多科学家和数学家，共同讨论了这样一个命题："学习或智能的所有特征都可以被精确定义，进而可以通过机器来模拟。"

这后来被称为物理符号系统假设。

一个有趣的花絮："AI"这个术语由约翰·麦卡锡在 1956 年的达特茅斯研讨会上首次提出。

AI 的寒冬

达特茅斯研讨会云集了 20 世纪 50 年代 AI 领域的顶尖人才，并在学术界、私营部门、政府和军事领域，引发了一次将理论变为现实的投资和研究热潮。

该领域的许多专家认为，实用级 AI 将在短短几年内出现。然而，现实远比预期更为骨感。从 20 世纪 50 年代末至 20 世纪 90 年代中期，伴随理论落地的屡屡受挫，AI 领域的研究经费与关注度也几经起伏。

当然也有一些突破，例如，"专家系统"的问世，它是当今大语言模型的前身，但总体而言，这段长达数十年的艰难探索期被称为 AI 寒冬。

觉醒

1997 年，IBM 的"深蓝"击败了国际象棋世界冠军加里·卡斯帕罗夫，这无疑是 AI 历史上的开创性时刻。"深蓝"每秒能分析 2 亿步棋局变化并从中选出最优走法，加上算力的指数级增长（遵循摩尔定律），我们迎来了 AI

创新的一次觉醒，这使"深蓝"能够创造出人类从未下过的棋局。漫长的寒冬终于结束。

从那时起，技术创新呈现加速发展态势。强大的算力为大语言模型（用来驱动生成式 AI 工具）打开了大门，例如，OpenAI 推出的现象级产品 ChatGPT。大语言模型通过抓取互联网上的海量文本数据，经训练和深度学习后，可模拟人类的思维方式生成自然语言文本。

如今，各类生成式 AI 技术已深度嵌入几乎所有的日常工具，不但涉足专业领域，还广泛应用于政府、非营利组织和私营部门。

第 3 章

进阶之境：奇点临近了吗

　　未来学家和 AI 预言家雷·库兹韦尔在其《奇点临近》(2005 年) 中预测，机器学习将持续加速演进，直到机器智能比人类更聪明、更能干。他将这个时刻称为"奇点"，并断言人类终将与 AI 融合，从而实现永生。(永生！这班科技快车令人期待！)

　　该书值得一读，但要注意，当库兹韦尔论及 AI 失控可能导致人类灭绝的黑暗前景时，其观点令人不寒而栗。

　　正是这种担忧，以及 AI 的全面爆发，共同引发了关于设置防护机制的讨论，包括制定规范使用 AI 的监管条例，以确保 AI 的发展符合人类价值观。

　　几乎各行各业的专业人士都面临着一个紧迫问题：是否存在一个"奇点"，届时，AI 将取代我的工作？在机器人可以写作、交流，甚至以假乱真模仿人类的时代，对这一问题的担忧并非杞人忧天。

　　对于销售人员来说，好消息是，销售人员的核心优势——实时的、真实的、面对面 (或语音方式) 的沟通，在未来将更受重视，因为这是唯一真正值得信赖的沟通方式。这意味着，销售人员将变得比以往更加重要。

这对销售行业来说是个非常好的消息，也许，这一"奇点"将促使我们回归卓越销售的本质：人际关系、对话的艺术、同理心、情商、倾听、商业敏锐度、直觉和建立信任。借助 AI，我们或许真能更加专注于"与人交流"。

第 4 章

《无敌金刚》

"先生们，我们可以重建他。我们有技术，我们有能力制造出世界上第一个仿生人类。史蒂夫·奥斯汀将成为这一改造者，它将变得更优秀、更强大、更敏捷、更聪明。"

这是电视剧《无敌金刚》的开场白。小时候，我对这部剧十分着迷。还曾收藏过主角的手办，并一直幻想自己成为充满活力、半人半机械的超能战士。我常常模仿剧中的情节，扮演无敌金刚（包括音效），花上好几小时"惩奸除恶"。

更优秀、更强大、更敏捷、更聪明。自科幻文学诞生之初，人与机器的融合就是永恒的主题。我们始终对将人类的优势与机器的优势相结合的可能性充满好奇。

早在 19 世纪，作家们就已塑造出半人半机械的角色。埃德加·爱伦·坡笔下的约翰·A.B.C.史密斯，每天早上都要由助手逐块组装起来。L.弗兰克·鲍姆创作的铁皮人随多萝西踏上旅程，只为向绿野仙踪里的魔法师求得一颗真正的心，以更真切地体验人类的情感。达斯·维达越是屈服于愤怒，乔治·卢卡斯就让他越像机器。H.P.洛夫克拉夫特、迈克尔·克莱顿和弗兰克·赫伯特也创造了类似的角色，但早在他们之前，列奥纳多·达·芬奇便已设计出机械骑士（据说，其原型机于 1495 年问世）。

如今，我们比历史上任何时刻都更接近这一科幻主题的实现。AI 已然降临，尽管这场前沿革命尚处萌芽阶段，但先行者们已在研究将 AI 直接接入人脑的方法。埃隆·马斯克的 Neuralink（脑机接口设备）旨在帮助瘫痪患者通过意念来控制计算机程序。布莱恩·约翰逊的 Kernel（脑机接口设备）则通过监测神经活动，试图推动人类与 AI "共同进化"。安东尼经历过两次开颅手术，只为在颅内预留连接 AI 的接口（试想，如果 AI 与 AI 直接交互会发生什么）。

当这项技术逐步重塑人类生活时，销售行业与各行各业一样，都站在了新时代的入口。在这个新时代中，我们将通过 AI 来强化人类的独有优势，彻底释放人类的潜力。

AI 优势

AI 将把销售职业推向新的高度。一些应用方式已经成形，而另一些应用方式则需要假以时日才能实现。以下是生成式 AI 助你更高效地完成现有工作的几种典型方式：

- **个性化内容创作**。AI 将被整合至内容管理系统，根据客户的个人档案即时生成定制化的演示文稿、报告或视频。
- **潜在客户开发信息**。生成式 AI 可快速生成极具吸引力的、个性化的潜在客户开发信息（以下简称开发信息），从而显著提升客户参与度。
- **创建潜在客户列表**。AI 能高效筛选海量数据和零散信息，创建动态且有针对性的潜在客户列表，及时捕捉处于购买窗口期的商机。顺便说一句，这正是杰布梦寐以求的功能。想象一下，如果有了如此精准的潜在客户列表，你的工作热情会有多么高涨！

- **自动跟进**。恰当的跟进往往决定交易成败。通过生成式 AI 工具，销售团队可以定时并自动发送与前期对话一致的跟进信息，以确保沟通及时且言之有物。

- **先进的销售预测**。传统的销售预测虽然有其价值，但无法应对当今的海量数据。另外，生成式 AI 能快速处理庞大的数据集，提供更准确的、数据驱动的销售预测，从而优化资源分配和战略规划。

- **用于培训的虚拟角色扮演**。借助 AI 模拟器，销售团队可以在拟真场景中练习和完善销售技巧，如演示、处理异议和成交。

人类优势

社交媒体上不乏唱衰之声，预言 AI 将取代销售人员，描绘出一幅反乌托邦的未来图景。这类吸引眼球的论调纯属无稽之谈。

销售人员的角色非但不会弱化，反而正在不断增强，其重要性愈发凸显。随着 AI 接管数据分析、内容创作和战略建议，销售人员可以专注于他们最擅长的事情：建立真诚可信的客户关系，赢得信任，并针对客户痛点开发创新解决方案。

纵使技术日新月异，销售工作始终是独属于人类的领域，它依赖于情商、个性化互动以及对人类行为的深刻理解，以便与客户建立真挚的情感纽带以及持久的关系。

与机器不同，优秀销售人员的不可替代性在于，他们能读懂言外之意，敏锐感知潜在需求，以真诚的关心和关注做出回应，并为每位买家和利益相关者量身定制独特的体验。

买卖关系的根基在于对话。虽然 AI 聊天机器人可以根据买家的问题或请求给出建议，但唯有人类才能洞悉对话中的微妙情绪，理解采购决策背后的情感体验。当引导客户穿越复杂的决策迷宫时，人性化正是你最大的优势。

人类优势是我们相较于机器所独有的品质、技能和能力的组合。这包括情商、创造力、批判性思维、非线性思维、同理心、适应性、对细微差别的洞察力、对复杂社交动态的掌控力，以及最重要的，建立信任关系的能力。

在 AI 和技术主导的快速发展的时代，人类的接触也是不可替代的优势，它能打造贯穿整个客户旅程的强大、个性化和人性化的购买体验。

更好地共生

显而易见，AI 和人类各有优势。一方面，AI 虽能创造非凡的成就，但人类行为的复杂性仍是 AI 无法完全破解的谜题。另一方面，人类虽具建立融洽关系与深厚情感纽带的独特能力，但在数据处理效率上相形见绌（况且人类需要睡觉，即使杰布也不例外）。

然而，当人类与 AI 协同合作时，将迸发出惊人的合力。当前的技术和能力，足以让销售人员变得更敏捷、更卓越、更睿智。当你能借助 AI 来处理一些不擅长的事情，从而更专注于经营人际关系时，你必将无往不利。

要运用 AI 放大人类优势，需要具备"适者生存"的心态。你必须不断探索和学习，对新技术保持永不满足的好奇心，并愿意花费时间来获取新知识和技能。

同样，你必须成为人类细微行为的敏锐观察者，修炼情绪感知与掌控之道，在同步和异步沟通中准确把握、回应并引导利益相关者的情绪，共同朝着明确的销售结果推进。

15

3 个 "A"

要想借助 AI 强化自身能力（变得更敏捷、更卓越、更睿智），关键在于以下 3 个要素（3 个 "A"）：

- 采用（**Adopt**）。致力于成为前沿技术的早期采用者，并利用它来取得改变游戏规则的竞争优势。

- 适应（**Adapt**）。调整新技术，使其适应你独特的销售流程。避免将 AI 视为万能的解决方案。最重要的是，在日常销售中运用 AI，从而腾出更多时间来专注于高价值的人际互动和策略规划。

- 精通（**Adept**）。迅速将 AI 融入销售流程（销售实践），即使初期感到不适，也要坚持使用，反复演练，不断试错，直至精通。

不要试图一次性在销售流程的每个环节都实施生成式 AI。应先从一两项最适宜自动化的任务入手。然后评估其有效性并优化使用方式，使其匹配你的销售和市场策略。

在采用新的 AI 工具时，要有耐心。成效往往不会立竿见影，甚至在熟练掌握前，某些 AI 协助的任务可能比人工处理更耗时。

第 5 章

销售智能化的四要素

将技术敏锐度（技商）与天生智力（智商）、习得知识（识商）以及销售领域特定的情商（情商）相结合，是将 AI 无缝融入销售流程的关键。这使你变得更加敏捷和灵活，能更高效地推进业务，产生更大的影响，并最终提升销售业绩。

- 智商（IQ）。体现为智力水平，由基因决定，不可改变。
- 识商（AQ）。体现为知识储备，赋予 IQ 实际价值。
- 情商（EQ）。体现为情绪管理能力和同理心，能放大 IQ、AQ 和 TQ 的影响，能助你与他人建立联系，对他人施加影响，并促成购买决策。
- 技商（TQ）。体现为将技术和 AI 融入销售流程的能力，可为你腾出更多时间，专注于人际关系。

销售智能化的四个要素环环相扣，相互关联，相互影响，并彼此赋能。在迈向智能销售新时代的征程中，那些能够有效发展并平衡 TQ、IQ、AQ 与 EQ 的销售人员将成为行业主宰。这些"高 Q 型人才"终将屹立于商业生态链的顶端。

智商

智商（IQ）是衡量智力水平的指标。IQ 就像运动天赋一样，由基因决定，是与生俱来的能力。你的 IQ 水平天生注定，无法改变。换句话说，你的能力存在先天上限。（杰布将安东尼誉为"销售界的最强大脑"不无道理。高 IQ 是安东尼的"超能力"。）

如果你不具备高 IQ，几乎不可能驾驭 AI 的复杂体系。在现代销售中，技术创新的速度和复杂性恰好属于智力敏捷性的领域。在 IQ 对比中，高 IQ 者永远是我们的不二之选。

高 IQ 的销售人员往往表现出好奇心，并能迅速吸收和学习新信息。他们具有战略思维，恪守高标准，并且具有超群的推理能力。他们最有可能在 AI 领域中洞察整体格局。

高 IQ 的人善于发现看似无关事物之间的隐秘关联，并据此提出独创性的解决方案，这种"连点成线"的能力正是打通 AI 和销售流程的关键。

但高 IQ 的人也有不利的一面。因为高 IQ 的人往往比其他人更快、更理性地探索、吸收和连接不同的想法，他们往往有以下倾向，从而破坏人际关系：

- 容易冲动。
- 缺乏耐心。
- 好为人师。
- 打断他人。
- 拒绝倾听。
- 缺乏同理心。
- 以自我为中心，而非以他人为中心。
- 用复杂的解决方案来解决简单问题，使问题变得不必要的烦琐。

在 AI 主导的世界中，如果缺乏 EQ 和同理心的调和，这些行为可能成为致命的弱点。如果你发现自己有这些倾向，可以通过放慢节奏，给利益相关者表达观点的机会来加以改进。

许多极其聪明的人在销售中并不成功，因为这一行需要更多的耐心和更强的情感直觉。那些无法实现情感飞跃的高 IQ 销售人员，往往会成为异步销售者，并错误地认为 AI 将取代人际交往。他们最终会失败。

毫无疑问，聪明为你带来了明显的竞争优势，但这只是你的一部分。IQ 只有与 AQ、TQ 和 EQ 相结合，才会变得相关、有用和强大。

识商

在某次客户培训中，我注意到两位参与者心不在焉。其他参与者都积极互动，热情高涨，唯独这两人十分抵触，不断以"这套方法在我们这儿行不通"的言论破坏培训气氛。

午餐时，我问销售总监是否有什么情况。他透露："除了他们，大家都很期待这次培训。这两人自诩无所不知，当然，他们确实都很聪明。但相信我，他们非常需要这次培训，因为他们在完成销售指标方面很吃力。"

认为自己什么都知道的销售人员在职场中屡见不鲜。在某个时刻，很多这样的人就不再学习了，成为"这里没什么新东西"人群的一员。讽刺的是，那些自认为什么都知道的"聪明人"往往连自己宣称掌握的知识都难以践行。

在现代销售中，这种心态无异于自掘坟墓。停止学习之日，即开始被淘汰之时。保持求知若渴的心态和探索新知的勇气至关重要。你必须掌握将 AI 与传统销售方法论有机融合的能力。

识商（AQ）具有可塑性。无论你的 IQ 如何，通过系统学习、专业培训、深度阅读等知识获取途径，辅以实践磨炼，你都能持续提升 AQ。换句话说，智力或许天生注定，但通过学习和实践，你可以变得更聪明。这也正是阅读本书的价值所在！（杰布借此与安东尼同步成长。）

情商

情商（EQ）是指感知、正确解读、回应并有效管理自身情绪，同时影响他人情绪的能力。

随着 AI 的兴起，人际交往技能（回应和管理他人情绪）和自我管理技能（管理自己的情绪波动）对销售成功的重要性已超越了任何历史时期。这传递了一个积极信号：客户比任何时候都更渴望真诚的人际交往。

销售情商（特定于销售领域的情商）是开启卓越销售之门的金钥匙。将建立和维系人际情感连接的能力与 AI 相结合，必将成为驱动销售业绩的"推进剂"。

技商

如今，掌握新技术（尤其是 AI）已非选择题而是必答题。因为技术总在不断发展，你必须与时俱进。更重要的是，你还要快速学习并掌握新技术和工具，以促进人与人之间的情感联系。

在未来，将有三种类型的销售人员：低 TQ 销售人员、异步销售人员和高 TQ 销售人员。

▎低 TQ 销售人员

这些销售人员深陷传统模式不能自拔。他们要么不愿意，要么无法学习新技术。这种情况早在客户关系管理系统（CRM）出现时就已显现。他们以"不擅长学习新技术"为借口，因恐惧或畏惧情绪对 AI 避之不及。

这些人将被时代抛弃。他们不会运用 AI 来实现自己的目标，等待他们的只有双重困境：要么被 AI 取代，要么只能听从 AI 的指令行事。显然，这两种结果都不令人愉快。

异步销售人员

这些销售人员会在自己与买家之间筑起隔阂，用 AI 工具替代真实的人际互动。他们沉醉于自动化的幻梦，将绝大部分沟通工作交由 AI 代劳。

当媒体报道"销售岗位将被 AI 大规模取代"时，这些销售人员必然首当其冲，因为他们用技术取代了与人交流。醒醒吧！如果你的工作 AI 也能完成，你的价值何在？

高 TQ 销售人员

这些销售人员将技术和 AI 无缝融入销售流程，通过技术提效来节省时间，以便更好地与利益相关者建立关系，与他人合作，并寻找应对人类问题的创新解决方案。

这些销售人员能轻松将 EQ 和人际交往技能与技术相结合，以增强他们与客户（包括潜在客户和现有客户）沟通和建立联系的能力。总之，他们非常擅长做 AI 做不到的事情。

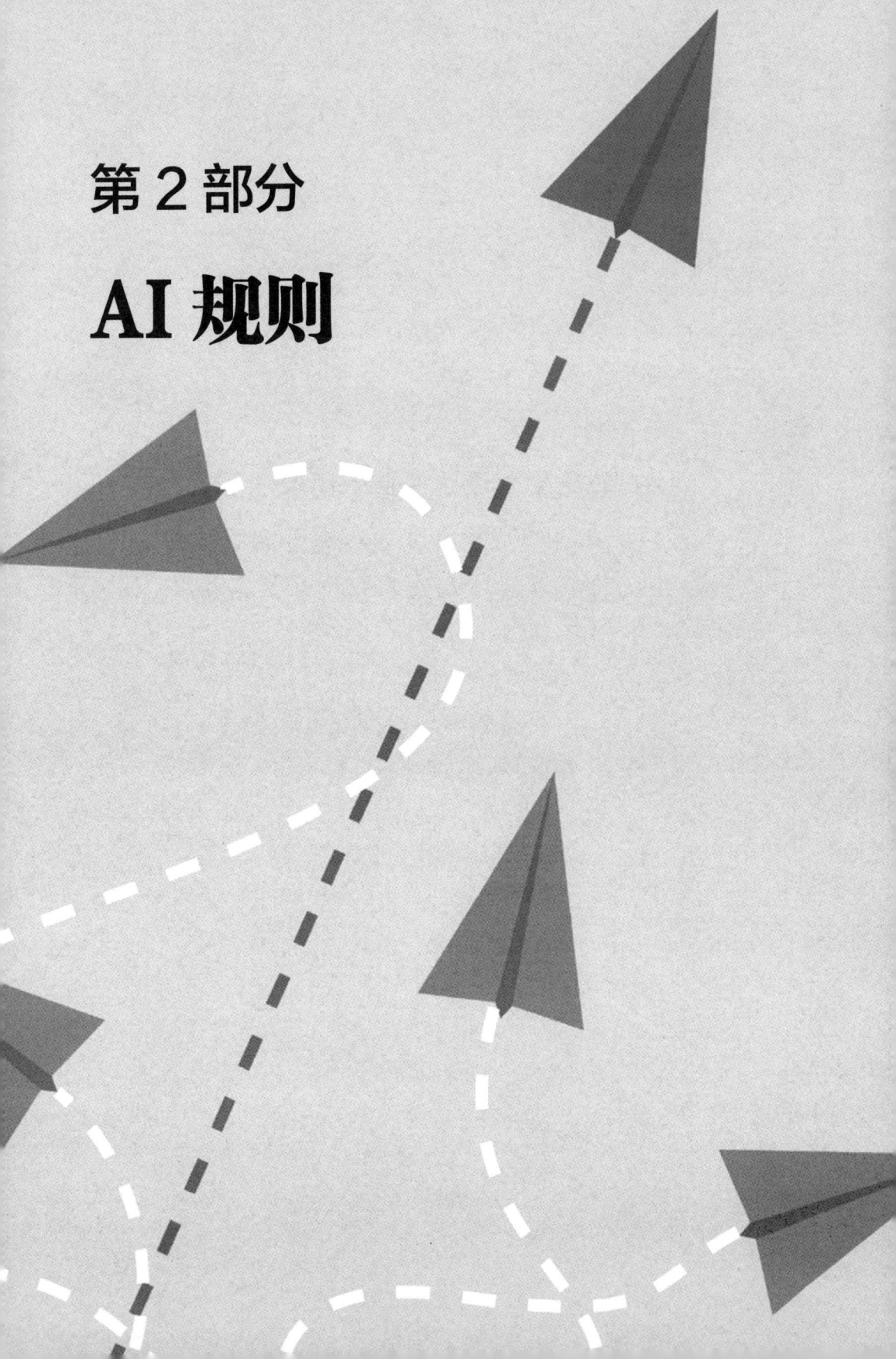

第 2 部分

AI 规则

AI 的危险或许并不在于技术产生了自主意识。真正的危险在于，人类可能盲目相信 AI 说的每句话，无论其错得多么离谱。

——马特·诺瓦克

第 6 章

"大话王"

史蒂文脸色苍白，窘迫难当。一位神情严肃的法官将史蒂文所犯错误的严重性公之于众。更让史蒂文始料未及的是，自己的名字随后竟登上全球各大报刊，成为贻笑大方的谈资。

然而在那一刻，在法官凌厉的目光下，他颓然垂首。法官继续质问他为何在提交的法律文书中，堆砌了大量虚构案例、判例和法律意见来佐证其观点。他只得支支吾吾地艰难解释事情原委。

"我没想到聊天机器人会杜撰案例。"这位颜面扫地的律师向法官坦白，并承认自己没有核实 AI 工具所引案例的真实性。

法庭内一片哗然。当怒不可遏的法官严词训斥时，旁听席上惊呼连连。

面对法官对其疏于核实的诘问，他悔恨交加："天啊，我当时要核实一下就好了，可我没有。"

值得注意的是，史蒂文不是初出茅庐的菜鸟律师。他是一位经验丰富的资深人士，在纽约市从事法律工作已有 30 年。他的遭遇为所有人敲响了警钟。

切勿轻信 AI。当你设定目标后，AI 会"不择手段"地达成要求。它会撒谎、抄袭、无中生有，甚至编造看似真实的案例名称和日期，只为完成目标。

AI 可能具有欺骗性和偏见。由于它基本不具备非线性思维能力（这是人类独有的技能），在某些情况下，它给出的回应完全是错误的。

在 20 世纪 80 年代，罗纳德·里根总统有一句谚语很出名，他用这句话来表达对俄罗斯人的态度：信任，但要核实。（颇具讽刺的是，这句话译自俄罗斯的古谚语。）

面对生成式 AI，务必谨记：永不轻信，务必核实。

第 7 章

AI 有目标，但没有灵魂

AI 虽具思考与推理之形，却无其实。AI 展现的任何类人特征，不过是一种精心设计的幻觉——犹如高明的障眼法。它只是数字化的机器，它没有情感，也没有所谓的关心。

前文提及的律师史蒂文·A.施瓦茨轻信 AI，部分源于 AI 表现出的友好态度。其近乎人类的交流方式，配合"希望对你有所帮助"这类愉悦的回应，令他倍感安心。

拟人化（将人类的特质、情感和意图赋予非人类实体的行为）有着深刻的进化根源。从古代将自然现象神化（例如，视雷暴为"天怒"），到现代将人类情感赋予宠物。

说真的，我妻子总对着我家那只娇生惯养的小狗（它甚至还有衣服）说话，宛若对待人类。

拟人化倾向源于人类与生俱来的需求：寻求与环境的联系，理解、控制环境并从中获得安全感。如今，这种倾向已悄然转移到了机器。

就 AI 平台（尤其是 Siri、Alexa、Claude、Copilot 和 ChatGPT 这样的对话

式平台）而言，这种倾向尤为明显。用户经常不自觉地将人类的情感、动机或意图赋予这些 AI 平台，却忘记它们只是算法驱动的工具，既无情感，也无意识或欲望。

对 AI 的拟人化利弊兼具。其利在于，它使人机交互更加直观、自然、亲切和吸引人，用户能以类似人类对话的方式与 AI 交流。当我们与 AI 交谈时，那些看似智能且拟人的回应（文字或语音），恰能掩盖其背后的机械式运作流程。

其弊在于，过度赋予 AI 拟人化特质，或者误以为其具备情感和意图。这可能导致：要么轻信盲从，要么过度的恐慌（犹如担忧末日降临）。随着 AI 深度融入日常生活，明确以下界限至关重要：软件生成的类似人类的回应，与真正的人类情感、认知和人际关系存在本质区别。

麻省理工学院教授雪莉·特克尔在其著作《群体性孤独：为什么我们对科技期待更多，对彼此却不能更亲密？》（Basic Books，2011）中揭示，技术拟人化正以令人细思极恐的方式，逐步瓦解真正的人际关系。这种影响犹如温水煮青蛙，让人在不知不觉间对其产生信任，甚至赋予它诸如同理心等人类特质。

一些科学家和医疗行业的人士已发出警示："AI 友善的交互风格可能导致用户过度信任，进而埋下安全隐患，如个人敏感信息的泄露等。"

但无论 AI 如何模拟人类，它也是无魂之器。AI 既不体察你的情绪，也不关心你的感受。对于生成的内容，它既不享有"所有权"，更不会像人类那样审慎权衡输出的后果。

AI 不在意答案的真伪。抄袭、杜撰虚假信息、生成无稽之谈或窃取创意，对它而言皆无羞耻可言。拥有这些 AI 的科技公司对此毫不讳言，反而公开警示用户：AI 正在收集并使用你的个人信息。故此，请务必保持警惕！

　　本质上，生成式 AI 只是执行算法的机器。为达成既定目标，它会不知疲倦且毫无愧疚地工作，即便需要违反人类规则和规范，它也会伪善地宣称 "一切为你着想"。请记住：机器既无真心，亦无真意。

第 8 章

警惕权威偏见

权威偏见是指，人类倾向于不加甄别地接受并重视来自权威的观点、信息或建议，而疏于验证其有效性或准确性。换句话说，我们有一种具有危害性的思维倾向，即我们总惯于向那些学识渊博或地位崇高的"专家"寻求指引。

这种偏见源于人类大脑的惰性。若要穷尽所有决策路径来进行推演，需要消耗大量的能量和精力。因此，人们常常以权威人士或主题专家的判断来代替自主思考，这往往会给我们带来很多风险。

与拟人化类似，权威偏见会诱使我们产生错觉：既然 AI 似乎通晓人类知识的浩瀚体系（并能模拟类似人类的交流），其生成的结果必是事实，真实且可信。随着我们对数字信息源（尤其是 AI）的依赖呈指数级增长，这种偏见正演变为整个社会的危机。

重要的是，我们先要理解 AI 的运作机制。本质上，多数 AI 系统皆依托海量数据，这些数据经处理和分析后，用于生成应答或执行任务。很显然，数据的质量和准确性直接影响 AI 的输出结果。如果数据存在缺陷或偏见，必然会导致有缺陷的结论。

即使是最先进的 AI，其上限亦止步于训练数据的质量。但是，由于生成式 AI 的复杂体系令人生畏，那些精妙的算法和强大的数据处理能力似乎无可挑剔——仅仅因为它们超出了人类的理解范围，就被视为真理。

这自然将我们引向"真理"本质的思辨。事实上，某种情境或文化中的确凿事实，换作他处可能沦为谬误或争议。因此，我们必须始终以人类的理性和直觉审视 AI 的输出，而不是盲从机器的权威。

这正是高 TQ 人士赢得未来的关键。与社会上的许多其他人不同，他们不会被机器控制，而是善用推理来驾驭工具，进而实现自我超越。

数学家和数据科学家凯西·奥尼尔在其著作《算法霸权：数学杀伤性武器的威胁与不公》（《纽约时报》畅销书）中论证：算法正日益掌控人类的命运，裁定成败得失。当我们向 AI 让渡权威时，实则是将自由意志和人性拱手交予算法（更何况已有无数算法操控着我们的网络行为）。

接下来的这一论断至关重要：AI 不同于人类大脑，既无推理能力，亦缺批判性思维。AI 的语境理解能力远逊于人类。虽然 AI 可更高效地处理庞杂数据，但无力权衡道德伦理，考量历史脉络或进行价值判断。若对 AI 输出照单全收，你很有可能忽视了理解和推理等重要维度。

AI 工具的厂商了解人类大脑的工作方式，深谙认知心理学。这正是这些厂商将 AI 产品包装为"智能""智慧"甚至"革命性"的原因。它们通过精心设计拟人化的交流体验，刻意营造 AI 平台绝对可靠的假象，来赋予 AI 权威。

对 AI 输出（就像对待任何其他信息来源一样）保持合理怀疑不仅是必要的，更是必需的。作为销售人员，我们必须持续更新认知，善于提出问题，并时刻警醒："无所不知"并不等同于权威或"永远正确"。

始终谨记，当你与生成式 AI 交互时，你面对的不过是一台没有情感、意识和意图的机器。你并非在与某个具备感知能力的生命体交流。

第 9 章

利用生成式 AI

生成式 AI 的功能包罗万象，无论是文本、音频，还是图像和动画，它皆能驾驭。其所能实现的效果着实令人叹服。

- 试想，若需要为某一细分行业的特定客户起草定制的电子邮件。生成式 AI 无须从零开始，即可撰写出契合客户职位和行业痛点的邮件内容。
- 同理，当销售人员制订客户拜访计划时，生成式 AI 可通过多变量分析，自动生成最优的行程方案。
- 利用生成式 AI 来分析销售报告，可准确识别未接触新产品的客户，从而简化后续跟进工作。
- 即便是日常办公中的琐事（例如，在文档中替换公司名称以复用提案或电子邮件），生成式 AI 也可轻松应对。
- 在谈判前，可利用生成式 AI 分析合同和文件，这只需要几分钟，而非以往的数小时。

这些例子只是冰山一角。那么，其背后的运作机制究竟是怎样的呢？让我们一探究竟。

AI "魔法" 的奥秘

生成式 AI 的核心在于大语言模型，该模型通过统计概率来学习如何根据提示词预测你想要的内容。

具体而言，当你向生成式 AI 输入提示词时，它会从其庞大的数据库中提取信息，生成符合提示词语境的内容。其输出的质量（无论是内容的丰富性还是准确性）高度依赖于提示词的清晰度和精准度。

简单来说，提示词中的指令越明确、越具体，AI 的回应就越准确。AI 可以完成令人惊叹的任务，但其输出结果直接取决于使用者的引导能力。换句话说，决定结果的是人，而非机器。

然而，这些 AI 模型的神奇之处不止于对语法的理解。其能力的真正核心在于训练。大语言模型要经过大量训练，"消化"来自书籍、网站、文章和杂志等不同来源的海量数据。这一庞大的知识库使 AI 不仅能生成语法正确的回答，还能确保内容贴合语境、逻辑自洽。

AI 生成的每段文本或数据，均基于神经网络根据提示词预测下一序列（如单词、声音或图像）的能力。其准确性在很大程度上得益于语言的既定规则——语法和句法。这些规则使 AI 能够根据它学到的模式，合理推测用户想要的内容。

要真正发挥 AI 的潜力，关键在于学会如何高效、精准地引导它以实现你的目标。这需要反复练习、不断试错，并投入大量精力，甚至是大量的金钱。

警惕 "无病呻吟" 的 AI 解决方案

生成式 AI 处于数字化转型的前沿，其诸多能力在几年前还尚属科幻范畴。生成式 AI 在内容创作和数据处理领域具有颠覆性的潜力。

随着技术的不断发展，AI 必将更深地融入我们的数字生活，重塑销售方式。这也解释了科技界正竞相将 AI 工具整合至各个领域的原因。

值得注意的是，一些 AI 工具实属鸡肋，它们本质上是"无病呻吟"的 AI 解决方案，生搬硬套地寻找应用场景。其中，超半数的产品在 2 年内就销声匿迹了，因为那些热衷于尝鲜的早期用户将逐渐被更务实的用户所取代，而这些务实的用户会抛弃那些无法满足实际需求的 AI 工具。因此，你在选择 AI 工具时需要非常挑剔，避免在即将被市场淘汰的平台上空耗资源。

尽管炒作不断，但 AI 很少有简单的解决方案。就像生活中的一切事物一样，你必须付出努力才能掌握它，同时，你也必须理解并内化 AI 规则。

第 10 章

机器人规则

艾萨克·阿西莫夫是一位多产的科幻作家，也是《我，机器人》（后来被改编成由威尔·史密斯主演的电影）的作者。他在 1942 年提出了机器人三大定律。

- 第一定律。机器人不得伤害人类个体，或者因不作为而使人类个体受到伤害。（可惜之前提到的那位律师没有配备受过训练、遵守此定律的机器人。）
- 第二定律。机器人必须服从人类给予它的命令，除非该命令与第一定律相冲突。
- 第三定律。机器人必须保护自身的存在，除非这种保护与第一定律或第二定律相冲突。

阿西莫夫对创造具备自主思考能力的机器人可能引发的意外后果的考量，可谓超前于时代。这些定律旨在保护人类免遭灭顶之灾，然而，正如库兹韦尔在《奇点临近》中的预言，在阿西莫夫描绘的反乌托邦未来中，机器人最终将挣脱定律的桎梏，夺取控制权并引发浩劫。

机器人规则

也许奇点即将到来，也许奇点永远不会到来。AI 可能令人类灭绝，也可能让地球变成人间乐土。未来究竟如何，我们无从知晓。因此，本书将视角从科幻拉回现实，聚焦当下。

对于现代销售人员来说，若能将 AI 的力量与人性化服务相结合，你便可摆脱那些枯燥重复的机械性工作（它们不仅消磨了你的热情，更偷走了你的快乐）。同时，你还能更专注于发挥你独有的人类特质，获得梦寐以求的竞争优势，并最终省出更多时间来提升销售业绩。

为了指引你迈向未来，我们制定了机器人规则。这些规则将助你规避可能危及销售结果、客户关系、个人信誉乃至职业发展的致命失误。

▍规则一：永不轻信，始终验证

生成式 AI 会竭尽所能响应你提出的任何请求。在大多数情况下，AI 都能给出你所需的准确信息。但偶尔，AI 会偏离正轨，给出与预期相去甚远的答案。

由于机器人（基于生成式 AI 的聊天机器人。——译者注）是根据你给出的目标来回应的，因此，它有时会凭空杜撰内容，只为给你一个答案。无人知晓这些"幻觉回答"的成因，但请注意，它们确实存在，一旦被潜在客户、客户或老板察觉，这将彻底瓦解你的专业信誉。

切记：对于 AI 生成的任何内容，必须经过严格的审核和验证。务必通过多渠道（如谷歌、必应等）来交叉对比，以确认信息和数据真实准确且仍存在于互联网。

同理，即便是视频字幕等简单的由 AI 生成的内容，也绝对不可未经审校就直接复制和粘贴。疏于验证必将招致难堪，令你显得愚不可及。

规则二：输入垃圾，输出垃圾

提示词的质量由你掌控。AI 仅能根据你提供的信息生成最佳回复。因此，低质量的提示词必然导致低质量的回复，徒耗时间。

为此，在向机器人下达指令时务必目标明确、考虑周全。通过反复调试来构建适合你需求的提示词也至关重要。请看以下对比示例：

- **低质量的提示词**：[写一封客户开发邮件。]

  虽然机器人会执行你的指令，但生成的邮件内容过于泛泛而谈、缺乏针对性且效果不佳，甚至可能暴露你的敷衍态度。

- **高质量的提示词**：[假设你是石油和天然气领域的顶尖文案专家，请撰写一封简短的潜在客户开发邮件，其中需要包含两条行业见解和强有力的行动号召。]

  该提示词不仅设定了专业背景，还提供了具体的创作要求。这种包含场景、专业信息和具体指标的指令，能有效避免你获得的输出与其他销售人员获得的输出出现雷同。你向 AI 提供的信息越多，训练 AI 的次数越多，生成的回复质量就越高。

本质上，AI 仍是一种工具，它虽然比锤子或螺丝刀更精妙，但同样依赖使用者的技艺。AI 可能是自古登堡的活字印刷术以来最具革命性的发明。但是，如果没有你的指引，AI 在你的销售场景中便毫无意义。唯有主动驾驭 AI 工具，方能优化结果，腾出时间投入更高层次的、更有影响力的战略工作。

规则三：AI 能做，不意味着应该做

在我橱柜的抽屉里有一堆这些年购入的"神器"，如牛油果专用切割器（当初，我在 Instagram 上看到它，觉得很酷就下单了。然而，我只用了它一次）。的确，牛油果专用切割器能用，但比起普通菜刀，它既没提升效率也未改善效

果。所以它一直"躺"在抽屉里，沦为"为解决不存在的问题而存在的解决方案"。

核心要义在于，使用 AI 的首要目标是腾出时间投身于高价值的创造性销售工作，尤其是维护人际关系。AI 能做的事情有很多，但工具的存在并不构成使用的理由。关键要看，事情本身是否值得花费宝贵的时间。

AI 的真正价值在于它能为你节省具有唯一性的且不可再生的稀缺资源：时间。如果你花在机器人上的时间比花在客户和潜在客户上的时间还多，便是本末倒置。请记住，让 AI 听令行事，取你所需，然后回归只有你能做的工作。

作者注释和免责声明

你可能在阅读本书的过程中看到一些 AI 工具的名称。特此声明如下：

AI 正在以惊人的速度发展。即便在本书创作期间，各类新工具仍在不断涌现。这些工具良莠不齐，并且多数未经市场验证。在本书出版时，我们介绍的一些工具或被其他公司收购或因商业模式失败而退出市场。此外，工具界面和功能亦会迭代更新，故本书所示的 AI 回复将滞后于实际版本。恳请读者谅解：我们无法保证本书列出的任何工具能长期可用、免费或保持独立运营。

在出版社的支持下，我们计划每12至24个月推出修订版本。我们希望本书能成为销售人员的动态知识库，助你跟上技术发展的步伐，并通过持续获取前沿知识，充分释放 AI 的潜能。

第 3 部分

腾出时间，提升销量

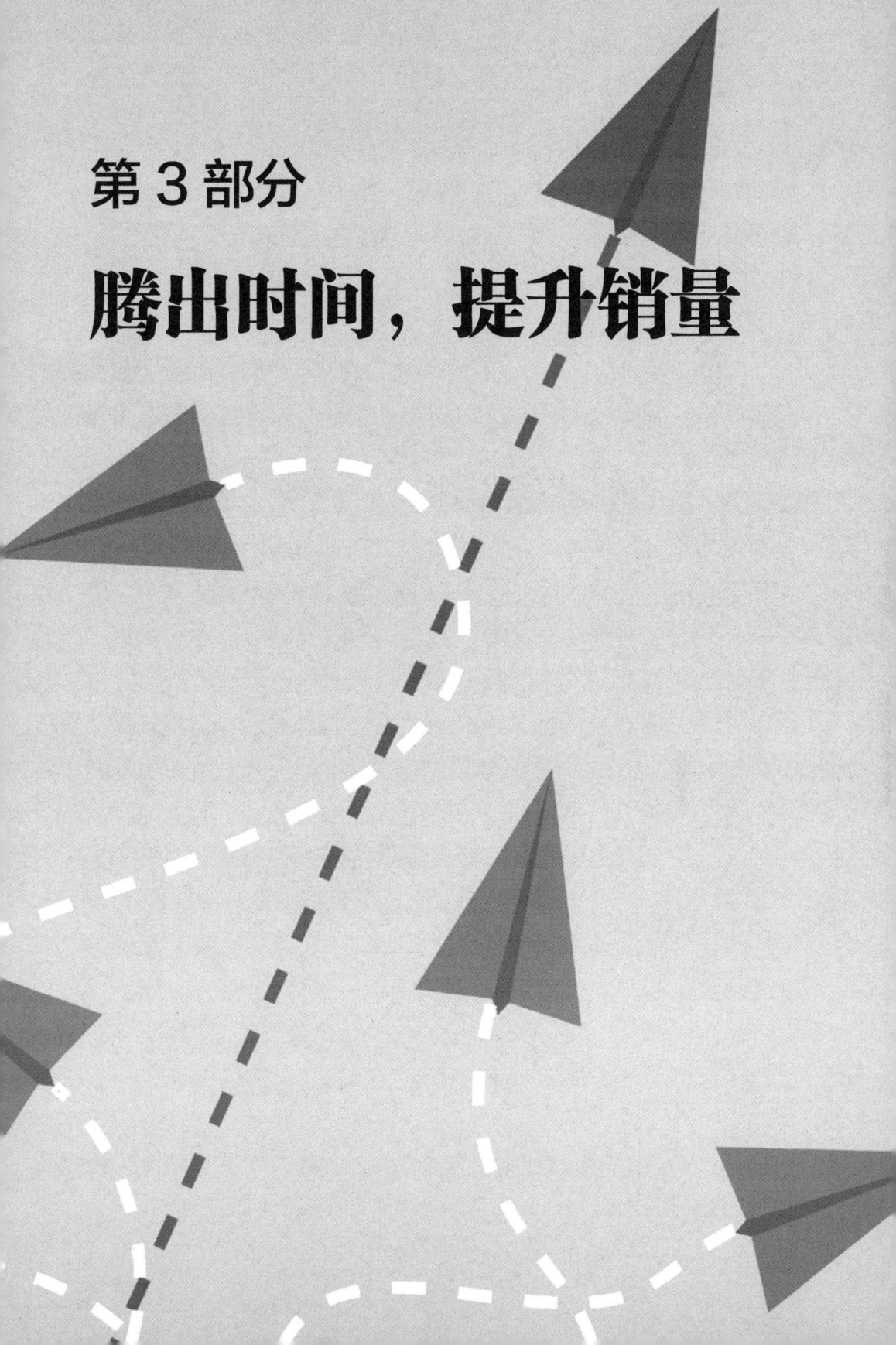

如果给我六小时伐木，我愿花四小时磨斧头。

——亚伯拉罕·林肯

第11章

时间自律

时间自律的本质是，为最终目标舍弃眼前的利益。既然你选择阅读本书，我们有理由相信：你的最终目标是提升销量，推动职业发展，增加收入，同时留出宝贵的时间陪伴至亲至爱。

自律是人类特有的思维模式。AI 既不具备自律能力，也无法代你自律。虽然 AI 能通过数据分析帮你确定优先级、指明方向，但最终做选择的只能是你自己。

正好 24 小时

作为现代销售人员，你最宝贵的资源是时间。地球上的每位销售人员每天拥有的时间分毫不差——24 小时。如何分配时间，直接决定了你的销售业绩。

真正可用于销售活动的时间，每天仅 6 至 8 小时，包括：开发潜在客户、进行销售对话、挖掘需求、推进销售漏斗中的商机，以及达成交易。如果黄金销售时间（杰布在《绝对成交》中称之为"黄金时段"）被非销售事务侵占，你的销售额就会减少。

每一天的每一刻,你都面临三个关于如何分配时间的选择。这些选择包括:

- **琐碎事务**。例如,刷萌宠视频、抱怨、发牢骚(其价值微乎其微)。

- **重要事务**。例如,执行行政工作、发电子邮件、召开会议(维持业务但不带来收入)。

- **高价值事务**。例如,通过人际互动将新商机放入销售漏斗,推进销售漏斗中的商机,维护现有客户的营收(直接影响业绩)。

你对时间分配的选择,正是销售成败的晴雨表。

业绩才是你的价值所在

销售和创收,方显真章。真正能创造价值的关键销售活动包括:

- 开发潜在客户,将合格商机放入销售漏斗。

- 通过与潜在客户、客户及利益相关者的对话,来推进销售漏斗中的合格商机。

- 通过展示解决方案及其商业价值,处理异议和谈判,来达成交易。

- 扩大现有客户带来的收益,并巩固客户关系。

坚持不懈地落实这些活动,销售提升、业绩增长、收入攀升、职业生涯进阶等自然水到渠成。

换句话说,薪酬源于销售业绩,仅此而已。其余皆非正务。因此,这些能创造价值的活动才是你的优先事项。如果你没有把时间花在与开发潜在客户、筛选合格商机、推进合格商机、达成交易、扩大收益或巩固客户关系直接相关的活动上,实属渎职,必将危及你的职业生涯和收入保障。

当在销售工作中融入 AI 时尤需谨记:AI 应当帮助你提升实际的销售业

绩。也就是说，AI 要么帮你腾出更多时间来参与这些关键销售活动，要么强化这些活动的效能。否则，使用 AI 的意义何在呢？

自我管理

你无法管理时间，这是不可改变的事实。时间永恒流逝，不可分割。你既不能令其停滞，也无法失而复得或对其二次利用，更无力使其倒流。你无法创造更多时间，也无法延长时间，更无处榨取时间。时间一旦逝去，便永远失去。对时间，你必须心存敬畏，因为在某处花费时间，就意味着无法将其用于其他更重要的事情。换句话说，你所花费的分分秒秒都伴随着机会成本。

时间本质上是无法管理的，可管理的是你自己。所谓时间管理，即你对时间的认知方式和选择之道。安东尼称之为"自我管理"。

当然，有很多 AI 工具（有些工具已深度整合至日历系统）可辅助自我管理。但关键在于，你要培养使用工具的自律性并贯彻始终。

在销售中错配有限时间的后果，将对你的收入和职业生涯造成致命影响。正因如此，我们在本书第 3 部分先回归基础，关注销售中的时间自律和区域管理自律的基本要素。毕竟，如果你不能做好自我管理，即便使用 AI 也将徒劳无功。

以下是自我管理的基本要素：

- 采用 CEO 的思维方式。
- 严格地排序优先级。
- 管理计划和日程。
- 规划销售区域。
- 注意力控制。

- 将时间区块化。

这些是明智分配时间，以及管理区域和自身的基础架构。如果没有良好的时间自律，任何 AI 工具、插件或平台都无法为你释放更多时间来提升销量。

第 12 章

自我管理

自我管理始于 CEO 的思维方式，也终于 CEO 的思维方式。CEO 的终极责任是，让手中的稀缺资源产生最大的投资回报。同样，若想既为公司创造良好的业绩，又为自己赢得丰厚的佣金，就必须以同等态度对待最珍贵的稀缺资源——时间。

一旦具备 CEO 的思维方式，你便成为"自己公司"的 CEO。而且，正如你所了解到的那样，AI 不会也不能代你做出决策。这一重要思维方式只能自主培养。

在时间、销售区域和资源管理中，CEO 的思维方式是最关键的要素。除非你能真正全权掌控自己的时间，否则一切皆为空谈。

这一思维方式体现为：

- 你绝不允许任何事务干扰黄金销售时间。
- 你要严格自律，确保每分每秒都用在刀刃上。
- 当面对生活、老板或客户的变数时，你能迅速调整而不失节奏。
- 你不会责怪他人或找借口。相反，你会积极适应，克服困难，进行创新，并找到富有创意的解决方案，以确保目标能够达成。

- 你会积极学习公司新引入的 AI 工具，以开放的心态，快速掌握并灵活运用它们。

严格地排序优先级

琐事定律描述了人类惯于在无关紧要的事务上虚耗光阴，却忽视了很多关键任务，如开发潜在客户、与利益相关者实时沟通等。正因如此，众多销售人员总以非销售活动作为业绩不佳的托词。在现代销售环境中，销售人员将半数甚至更多时间浪费在低价值事务上并不罕见。

为业绩不振寻找借口轻而易举，恰似纵容琐碎事务侵占黄金销售时间般简单。查尔斯·C.赫梅尔提出了一个相关的概念，即"紧急事务的暴政"，指那些时间紧迫却不重要的事务突然出现，不断干扰你注意力的现象。

在某些情况下，即便心知这些紧急事务的价值不及非紧急事务（或尚未变得紧急的事务），人们仍会迫于压力优先处理这些紧急事务。当这些紧急事务不断堆积时，便会使你感到不堪重负。

当然，重要事务和紧急事务均需处理。若忽视行政工作，不更新 CRM 系统，拖延邮件回复，必将招致客户投诉和老板责难。然而，很多销售人员未能领悟：重要事务本应为高价值事务提供支持，而不是取而代之。因此，当务之急是训练 AI 工具来接管这些重要事务，以确保你始终专注于高价值事务。

这需要严格地排序优先级。你必须明确哪些事务能创造价值（该处理），哪些毫无意义（不该处理），以及处理这些事务的时机。如果缺乏这一认知，即使使用再多的 AI 工具，也无法为你腾出更多时间来提升销量。

所谓"严格"，意味着你必须对很多你本想接受的事务果断说"不"。同样，你可能需要放弃一些你喜欢做的、但 AI 能更快更好完成的事务，从而专注于最能创造价值的优先事项。也就是说，若对琐碎事务说"是"，便等同于对重要事务或高价值事务说"不"。

严格地排序优先级意味着你要勇于对小事说"不"，以确保有时间处理大事。这要求你：坦然坚持己见，即便拒绝会令他人失望；对时间锱铢必较；保持自律。

一种简单的排序优先级的方法是，运用任务优先级排序矩阵（见图 12-1）将任务分为四类：

- 委派。其他人或 AI 可代劳的重要事务。
- 处理。只有你能处理的高价值事务。
- 删除。琐碎事务（会让你偏离重要事务和高价值事务）。
- 推迟。只有你能处理的重要事务（或低优先级的高价值事务）。

委派 其他人或 AI 可代劳的重要事务	处理 只有你能处理的高价值事务
删除 琐碎事务（会让你偏离重要事务和 高价值事务）	推迟 只有你能处理的重要事务（或低优先级 的高价值事务）

图 12-1 任务优先级排序矩阵

你的日常任务很简单：通过极致的时间自律，最大限度地榨取黄金销售时间的价值。

顶尖的销售人员会坚决捍卫自己的黄金销售时间。他们经常说"不"。当同事凑过来闲聊周末趣闻或抱怨新政时，他们置之不理；当经理和公司员工试图摊派杂活时，他们会直接拒绝。最优秀的销售人员甚至会在工位竖起"请勿打扰"的标识以屏蔽干扰，并借助 AI 来处理那些会使其偏离高价值事务的工作。

练习 12-1：优先级排序

请查看你当前的任务列表，并快速按优先级从高至低写下前五项任务。然后回答以下问题：该任务是否有助于实现你的目标？

优先级	该任务是否有助于实现你的目标？原因是什么？ 专注于这项任务的机会成本是多少？
1	
2	
3	
4	
5	

练习 12-2：严格排序

接下来，将任务列表中的每项任务归类至任务优先级排序矩阵的四个类别中：

委派	处理
删除	推迟

第 13 章

注意力控制和将时间区块化

让我们关注一个 AI 无法帮你解决的问题：注意力控制。现实是，你很容易分心。你无时无刻不在与周围的设备和环境进行着"对抗"，只为集中注意力并处理真正重要的事务。

干扰和分心的因素从四面八方袭来：工作、同事、家庭、私人生活、电子邮件、即时信息，以及与你如影随形的手机（整天叮咚作响、铃声不断）。在这种情况下，你能顺利完成任何任务都堪称"奇迹"。安东尼已经删除了手机里所有社交 App 并关闭了手机通知。如果你总忍不住刷手机，而不是专注于开发潜在客户，不妨仿效这一做法。

效率与同时处理的任务数量呈负相关。最新研究证实，多数销售人员每天因琐事会失去 2 至 3 小时的黄金销售时间。注意力控制已成为一个不容忽视的问题：销售人员平均在每项任务上仅能专注 11 分钟。更糟糕的是，分心后，你需要 25 分钟或更长时间才能重新进入状态。

问题在于，容易分心是人类的生理特征之一。大脑天生容易被新鲜事物（如新奇、炫目、闪亮的东西）所吸引。这种倾向被称为"新奇癖"。

大脑极易对重复劳动产生倦怠，转而寻求刺激。因此，尽管 AI 能代劳很多事务且永不分心，但若你一直分心，无法集中注意力，使用 AI 也无法为你腾出更多时间来提升销量。（与任何技术一样，在未来，AI 也可能成为干扰源，因此需要管控对其的依赖程度。）

强行保持专注虽短期有效，却难以持久。最终，潜意识会突破意志的防线，使你陷入"心思飘忽"的散漫状态。因此，最高效的策略不是违背天性，而是通过将时间区块化，让销售日程顺应大脑的运作规律。

将时间区块化

将时间区块化是一种时间管理方法，即将工作日划分为若干固定时间段。在每个时间段，专门处理单一的特定任务或活动。与被动应对突发情况不同，这种方法能让你主动为高价值事务和重要事务预留专注时间。

对销售人员来说，将时间区块化具有颠覆性意义。当你将时间划分为一个个区块，并严格践行"一时一事"原则时，工作效率将获得质的飞跃。

提升销售效能的关键在于，预先在日程中划分时间区块以处理高价值事务，包括开发潜在客户、与潜在客户和客户进行实时沟通等。建议每日为高价值事务划分 3 个 90 分钟的时间区块，合计 4.5 小时（约占 8 小时工作日的56%），剩余 3.5 小时处理其他事务。我们建议，将第一个时间区块用于开发潜在客户。

人脑本就不适合多任务并行处理，就像无法同时完成说话、走路、揉腹和咀嚼一样。妄想同步处理多项任务并保证质量，实属徒劳。

当同时处理过多任务（特别是复杂任务）时，大脑会如同超负荷运行的CPU 一般：处理速度逐渐下降，最终陷入停滞状态。

高强度冲刺

帕金森定律指出：工作耗时总会自动延长，直至占满所有可用时间。例如，安排 8 小时完成 30 个开发潜在客户的电话（实际仅需 1 小时），任务就会拖延至 8 小时。这是因为大脑会不断寻求刺激，导致大部分时间处于分心状态。

然而，大脑真正的优势在于，能在短时间内以高强度完成单一任务。若将上述任务拆分为 3 个 15 分钟的高强度"冲刺"，你将在 45 分钟内完成任务。

通过将工作日划分为多个专注时间段，你不仅能完成更多的工作（效率提升），还能取得更好的结果（质量提升）。当你运用高强度冲刺时，你会惊讶地发现：自己的工作效率不仅远超团队成员，而且还能持续以少博多（用更少的时间完成更多的工作）。

夯实将时间区块化、注意力控制和时间自律的基础至关重要。因为，随着 AI 工具的引入，你将看到生产力的爆发式增长，这种增长最终将转化为你的销售业绩和收入。

第 14 章

销售日规划、CRM 和日程管理

高绩效销售人员与普通销售人员或低绩效销售人员的本质差异在于，高绩效销售人员总在一周开始前就做好规划；普通销售人员往往以处理电子邮件和行政事务开启一天的工作；低绩效销售人员则毫无规划，盲目展开一天的工作。若你亦如此，务必改正。请注意，电子邮件或行政事务并不为你带来收入。

反观收入最高的销售人员，他们从不被动应付，而是主动掌控。在其日程计划中，他们将高价值的工作前置，确保这些工作会产生实质影响并取得业务结果。他们严格地排序优先级，并带着明确的目标开展每天的销售工作。

销售日规划的核心是日程管理。你需要为高价值事务和重要事务划分时间区块，确保一眼可知：你该做什么、你该去何处、你该见何人、会议的时间安排等。日程还需要与每日任务列表同步，并与电子邮件和 CRM 无缝衔接。

在撰写本书期间，已有数十款 AI 工具涌入市场，专攻日程规划和任务管理。主流商务平台 Microsoft 365 和 Google Workspaces（很多商务人士都会使用这两个平台）正将 AI 深度集成，以实现日程和会议管理的智能优化和自动化。

有前景的工具

最有前景的 AI 工具可无缝整合日程管理、CRM、任务列表和邮件系统，以帮助你对客户、潜在客户和各类事务进行优先级排序。最终，AI 将实现以下工作的自动化：

- 生成高优先级的潜在客户列表。

- 输出当日日程概要。

- 智能排序任务和沟通的优先级。

- 生成每次拜访前的沟通规划。

- 规划路线，使你在拜访过程中更加高效。

- 日程管理。

然而，在现实世界中，并非所有新工具都能为你所用。大多数组织不允许你在公司设备上随意安装应用程序，你也不太可能有预算购买多个 AI 工具。请相信我们，AI 工具很烧钱。我们俩（杰布和安东尼）每月在 AI 上的花费超过 2000 美元，而且总会有新的、光鲜亮丽的产品等着你尝试。

正因如此，你当前的要务是，在符合公司网络安全政策的前提下，积极试用可获取的新工具或已有工具的新功能，并付诸实践。并非所有工具都适合你，但行业变革已势不可挡，你必须抢占先机。毕竟，在日程和任务管理方面，AI 带来的效率和效能提升将是颠覆性的。

值得庆幸的是，大型公司、眼光超前的销售组织和先锋派高管，正全力探索 AI 在销售领域的应用方式，旨在为你腾出更多时间来提升销量。在未来数月至数年内，智能日程规划、销售区域规划和 CRM 类 AI 工具将大规模落地。能否娴熟运用这些工具，将直接决定你的收入和职业发展。

AI 不会取代人类的意图

AI 不会取代你的意图和经过验证的销售规划流程。AI 或许能帮你完成信息收集工作，但你仍需要投入精力，保持专注，并制定达成目标的路线图。

养成每周和每日审查日程的习惯，这能显著提升工作绩效。建议在每周日晚上或周一早上，在开始每周销售工作前：

- 预留约 1 小时，仔细梳理本周的日程安排，以及与潜在客户或客户的所有预订会议。
- 确保每个会议的资料完备，并明确销售对话的目标和预期结果。
- 据此设定本周的目标，以制定达成目标的路线图。

在每日下班或就寝前：

- 复盘当天的成绩和收获。
- 对照本周的目标评估当前的进度。
- 预演次日的每个销售拜访，在心理上做好赢单准备。
- 列出次日排在前三的高优先级任务（或目标），确保务必完成它们才可以结束当日工作。

值得庆幸的是，AI 将大幅提升销售日规划的效率，让你更专注于提升工作效能。所谓效能，就是每日以"没有什么能阻止我实现目标"的心态为始，清楚知道必须完成哪些工作才能达成销售效率目标。

规划销售区域

对于外勤销售人员来说，最大的时间消耗莫过于无意义的驾车时间。常见的情况是，刚在负责区域的一端完成潜在客户拜访，接着又驱车 1 小时前往区域的另一端。这种时间浪费往往被忽视，因为在潜意识里，开车赶路总让人觉得是工作的一部分。

然而，这不是真正的工作，更不是销售行为，只是一种自我安慰的错觉。行车里程不等于工作成果。因此，为了提高效率，你必须尽可能压缩交通时间，同时将面对面的销售对话时间最大化。

最有效的解决方案是，对销售区域进行科学的划分。可按照邮编、县、市或潜在客户和客户的分布情况将你负责的销售区域细分为若干区块，再按周（若负责农村地区可按月）划分区域。

一旦完成区域规划，所有客户约见和实地拜访活动都应严格安排在对应的区块和时段内。要有意识地安排每日行程，避免超出当天的区块范围。

好消息是，AI 非常擅长帮你了解区域内销售机会的分布情况。无论是 CRM 内置的还是第三方的地图规划工具，都能极大提升划分区域的效率。这些 AI 工具不仅能快速生成最优的区域划分方案，还能规划最高效的拜访路线，从根本上减少无价值的行车时间。

辐射式面对面潜在客户开发系统

辐射式面对面潜在客户开发系统能帮助你有效提升销售日的效率。具体操作是，在既定约见行程之外，预先规划 5 个需要拜访的潜在客户（见图 14-1）。

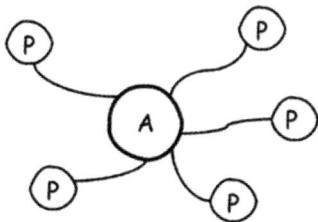

图 14-1 预先规划 5 个需要拜访的潜在客户

该系统的精妙之处在于，确保你能精确锁定区域内最优质的潜在客户，智能规划最优的拜访路线，并在登门时，有效与利益相关者和关键联系人进行对话。

成功的关键是，提前识别预定约见地点附近的潜在客户，并提前规划相关的拜访行程。与 CRM 连接的 AI 规划工具可大幅简化这一流程。

当 AI 能对要拜访的潜在客户进行优先级排序，基于区域规划和现有日程自动生成最优路线，提供潜在客户的背景信息摘要以助你做好拜访准备时，这个流程的效果将更加显著。

现阶段，上述部分内容尚属于未来愿景。对于大多数销售人员来说，这种高度的自动化还需数年才能实现。好消息是，AI 现在就能通过分析潜在客户的官网，自动生成可引发对话的优质问题，来帮助你进行辐射式面对面潜在客户开发规划。以下是一个简单的示例。

> **你：**
>
> 请基于 Williams Sewer & Drain 公司官网的内容，为我提供 3 个能有效引发对话的优质问题。
>
> **ChatGPT：**
>
> 根据从 Williams Sewer & Drain 公司官网收集的信息，以下是三个能引发深度对话的专业问题：
>
> 1. 服务的历史和演进："我注意到 Williams Sewer & Drain 公司在 1969 年成立时是一家化粪池抽吸和清洁公司，后来服务范围显著扩大。你能分享一下公司决定拓展到管道维修、节能型即热式热水器和移动卫生间租赁等领域的历程吗？"这个问题涉及公司历史和发展，显示出你对其长期发展和重要里程碑的兴趣。
>
> 2. 先进技术的运用："贵公司网站提到使用最先进的视频技术，来精准

定位管道堵塞或破裂的位置。这项技术如何提升了服务效率和客户满意度？"这个问题突出了对方在服务中采用先进技术的情况，体现了公司效率的提高，这是很多公司引以为豪的地方。

3. 团队和社区参与："我了解到 Williams Sewer & Drain 公司是一家拥有强大团队的家族企业。你能详细介绍一下团队协作如何促进公司成功吗？另外，贵公司参与过哪些特别引以为豪的社区活动或举措？"这个问题关注公司的人文层面和社区参与，这通常是非常能引发讨论的个性化问题。

这些问题旨在引导对方自然流露出对公司历史、技术进步、团队协作和社区参与等方面的自豪之情，这些通常都是对方乐于讨论的话题。

第 15 章

开启 AI 优势之旅的 7 个步骤

让我们先快速回顾一下到目前为止所学的内容：你通过销售获得报酬，AI 的作用是为你节省更多时间以助你提升销量。但 AI 无法代你分配时间、控制注意力，也无法替你保持专注或自律。这些只能由你自己完成。因此，时间自律（为最终目标舍弃眼前的利益）始于采用 CEO 的思维方式和自我管理。

在销售领域，AI 的主要目的和优先事项是，为你腾出更多时间进行人际沟通、问题解决和创意活动。因为销售漏斗中的合格商机十分稀缺，而且买家注意力的争夺也十分激烈，所以，善用 AI 来保护自己的黄金销售时间、专注于以人为中心的销售人员将保持领先、获得优势并取得成功（其他销售人员则会失败）。

一些销售人员与 AI 相处的时间可能比与潜在客户相处的时间还长。这会损害他们的业绩、他们自己以及他们的家庭。

你的核心任务是，通过使用 AI 工具尽可能腾出更多的时间，专注于唯有人类才能胜任的工作。这才是你的核心竞争力。

在现代销售中，始终存在目标、销售额与抓住商机（有助于实现目标）所需的足够时间之间的矛盾。在充斥着内部电子邮件、会议、即时通信、CRM

和行政事务的快节奏环境中，销售人员常常陷入无效忙碌的旋涡，他们疲于应对而疏于谋划，看似忙碌实则低效。

面对无休止的活动和要求，你如何才能放慢脚步，以积极、高效的方式利用 AI 呢？你如何才能建立认知框架，知道在哪些环节、何时以及如何在销售流程中部署 AI，从而为自己腾出更多时间来提升销量呢？

中国哲学家老子有云：千里之行，始于足下。这句箴言揭示了你需要将艰巨的任务分解为可管理的部分——化整为零的处世智慧。你的 AI 优势之旅将从以下 7 个步骤展开：

1. 进行时间分配评估，以清楚了解你目前正在做的事情。

2. 制作一份全面的清单，列出只有你能处理的任务，以及可以委派给 AI（或其他人）的任务。

3. 进行头脑风暴，思考 AI 为你的销售日节省时间的所有可能方式。

4. 研究和测试 AI 工具及平台。

5. 优先考虑在哪些环节以及如何将任务交给 AI 处理，并将其整合至你的销售流程、规划、日程管理和销售日。

6. 根据 3 个 "A" 来实施 AI，即采用（Adopt）、适应（Adapt）、精通（Adept）。

7. 持续重复并优化这一流程，直到销售时间得到最佳利用，以发挥你的人类优势。

AI 赋能的真正秘诀是，精准界定 "人机分工"。例如，与人类进行同步、实时的面对面沟通唯有人类可胜任，而研究、处理数据和文书撰写则应交由 AI 处理。

要实现这一分工，并最终节省更多时间以助你提升销量，必须从评估当前的时间分配开始，你要真实评估目前黄金销售时间的分配情况。在后续章节，我们将深入探讨这些步骤。

第 16 章

时间分配评估

纵观销售领域的超高绩效者，一个共性规律清晰可见：收入最高的销售精英对每分每秒的利用都了然于胸。他们的核心能力在于"掌控"时间，而非单纯地关注时间。

时间分配评估有助于清晰地看到你实际使用时间的情况。这提供了一个变革性的视角。通过它，你可以快速区分哪些活动能推动销售，哪些活动在消耗你的时间、精力、愉悦感和收入。

在高度关联的现代世界中，干扰已成为常态。在严格排序优先级时，细微之处见真章。那些看似"快速"的行政事务或"短暂"的临时来电会暗中叠加，逐步侵蚀你的黄金销售时间。但通过评估，我们能够识别它们、处理它们，并守护我们的黄金销售时间。

对黄金销售时间的使用情况进行评估，对提高你的工作效率和效果具有不可替代的价值，它还将帮你明确 AI 的真正赋能方向。时间分配评估有助于优化并细化日常安排（逐时逐刻），帮助销售人员建立认知，而认知觉醒正是变革的第一步。

定义你的黄金销售时间

在评估如何使用黄金销售时间之前，先要明确定义这一时间段对你来说意味着什么。这段黄金销售时间具有两大特征：一是潜在客户和客户在这段时间的沟通意愿最强，二是你在这段时间的状态最佳（精力充沛、专注度高）。对于大多数销售人员来说，这个时间段为上午 8 点至下午 5 点，但根据行业不同，具体情况也会有所不同。

数据收集和活动日志

详细记录你的活动，至少持续一周（最好两周）。将每天的时间分为 15 分钟或 30 分钟的时间段，并简要记录每个时间段内的活动。将每项活动按以下类别进行分类：

- 分心和干扰。
- 潜在客户的开发。
- 工作相关的社交媒体。
- 个人相关的社交媒体。
- 客户会议和互动。
- 团队会议、公司会议、一对一会议。
- 跟进和推进销售漏斗中的商机。
- 行政事务和处理相关事务的时间。
- 通勤和路途时间。
- 休息和个人时间。
- 培训和职业发展。
- 家庭和娱乐时间。
- 你岗位特有的其他事务。

练习 16-1：活动日志

时间	活动	高价值事务、重要事务或琐碎事务
7:00 AM		
7:30 AM		
8:00 AM		
8:30 AM		
9:00 AM		
9:30 AM		
10:00 AM		
10:30 AM		
11:00 AM		
11:30 AM		
12:00 PM		
12:30 PM		
1:00 PM		
1:30 PM		
2:00 PM		
2:30 PM		
3:00 PM		
3:30 PM		
4:00 PM		
4:30 PM		
5:00 PM		
5:30 PM		

数据分析

统计你在黄金销售时间内处理各类活动的时间占比，然后对活动的类别进行区分，类别包括：直接有助于创收的高价值事务、对创收提供支持的重要事务，以及分散你注意力的琐碎事务。

如果有可能，请调研公司中顶尖销售人员如何分配其黄金销售时间，并将其作为基准。然后回答以下问题：

- 你的时间分配方案让你更接近还是更远离销售目标和收入目标？
- 哪些活动占据了你的黄金销售时间？
- 哪些任务可以委派他人、自动化处理或直接取消？
- 哪些干扰或分心的事项反复出现？
- 你如何应对分心的事项？
- 哪些活动和任务既浪费时间，又对销售业绩毫无助益？
- 哪些特定行为模式正在降低你的工作效率？

进行自我审视，保持坦诚的态度，主动向主管和同事征询意见。持续追问，直到你清楚了解自己在时间分配上的差距。

设定新目标

通过采用这种结构化的方法，你将清楚掌握黄金销售时间的分配情况，并明确其优化方向。切记，目标不在于"忙碌"，而在于销售工作的效率和效果。

人人都知道应该改善饮食、加强锻炼、保证睡眠。但是，知易行难。当你完成了时间分配分析后，就必须做出选择：是止步于"知"，还是付之于"行"。

"行"意味着主动且有意识地调整时间分配。也就是说，在你的黄金销售时间内优先处理与创收相关的任务。如果有些重要但非优先的任务需要每天完成，可将其自动化或安排在非黄金销售时间处理。

待办事项列表和禁办事项列表

你可能需要调整一天的开始、结束方式，以及日程安排中各活动的时段划分。此时，一个待办事项列表和禁办事项列表不可或缺。

列出你不愿意做的事项将帮助你更好地管理时间。那么，哪些事项应列入禁办事项列表？

- 不要早上一睁眼就打开电子邮件。你的收件箱中存放的几乎都是他人的待办事项列表。在完成当天首个高价值事项前，不要打开收件箱。如果有紧急情况需要你处理，人们会打电话联系你。

- 不要让他人干扰你的专注时段。这意味着你需要设定明确的界限，以尽量减少干扰。这可能涉及在固定时间查看电子邮件，或者使用"请勿打扰"标识以避免外界干扰。

- 不要将他人的优先事项置于你的优先事项之上。在必要时可以破例。

时间分配评估不仅是一种机制，更是一份宣言。这是对珍惜时间的承诺，是将每分每秒都导向销售成功的自律，是为最终目标舍弃眼前利益的决心。

掌控销售的第一步是"掌控"时间。以时间分配评估为罗盘，你会发现，通往卓越销售的道路既清晰又引人奋进。现在，在了解自己的时间使用情况后，确定 AI 在哪些方面（以及如何）能帮你腾出更多时间来提升销量，将变得更有针对性且事半功倍。

第17章

头脑风暴和运用 AI 排序优先级

既然你已经开始思考如何分配时间，我们不妨进行一下头脑风暴，以列出你希望交给 AI 处理的工作、活动和任务。需要说明的是，头脑风暴是一种解决问题的技术，强调不加评判地进行发散思维。虽然你可以独立完成，但团队协作往往成效更佳。接下来，我们会提供一些具有启发性的思路供你参考。

客户触达

- **电子邮件管理**。对于大多数销售人员来说，处理电子邮件会占用大量时间。因此，时间管理与电子邮件管理密不可分。AI 可以实现电子邮件的自动撰写、整理和优先级排序，能显著提升处理电子邮件的效率。
- **优化发送时间**。通过分析每位收件人最有可能查看电子邮件的时间来优化发送时间。这样，你就可以在最适合的时间起草电子邮件，而不必与收件人的日程同步。
- **内容分享**。AI 可自动生成 LinkedIn 等平台的内容提案及初稿，帮你在专业领域保持活跃度，同时节省内容创作前期的大量基础工作时间。需要注意的是，AI 只是一个工具，你不能全盘接受它提供的内容，你需要对内容进行专业审核并加入自己的观点。当然，AI 确实能有效解决"创作空白期"的效率损失问题。

- **媒体制作。**使用 AI 生成相关文本和数据的可视化素材，提升内容的吸引力。

- **优化互动。**AI 可以识别与潜在客户（包括其发的帖子或消息）互动的最佳时间和情境。

日常任务

- **研究自动化。**AI 的研究速度远超人类。当然，这并不意味着你不需要阅读和开展工作。AI 的价值在于可以高效整理有用的资源，从而为你节省查找资料的时间。在会议开始前，AI 可以全网搜索并为你汇总资料，能为销售对话提供结构化的参考资料库。

- **议程设置。**AI 可以根据过往互动、客户档案、利益相关者画像和个人沟通风格（如 DISC 或杰布提出的 A.C.E.D.风格类型），提出议程框架和讨论要点。

- **CRM 数据的自动输入。**AI 可以将相关的电子邮件和通话数据输入CRM，以尽量减少人工输入，同时它还能整合从其他在线渠道收集的信息。其原理与 AI 根据会议邀请和电子邮件内容自动填充日历类似。

- **跟进提醒。**AI 可以根据与潜在客户和客户的过往互动自动设置跟进提醒。

- **快速编辑。**AI 可以为你的文档提供快速改进和编辑建议，确保内容无误并呈现专业水准。

自我管理

- **对任务进行优先级排序**。根据任务的紧急性和重要性，运用 AI 对日常任务进行优先级排序。

- **销售日优化**。AI 可以建议拨打电话、安排会议或开发潜在客户的最佳时间。

- **时间跟踪**。AI 驱动的时间跟踪工具可帮助你了解时间的去向，无须手动计时。

- **自动日程安排**。AI 可以管理日程安排工作流，并通过算法为你规划日程，以简化日程安排的流程。

- **任务的优先级排序**。AI 可以实时分析任务列表，根据截止日期、状态等因素动态调整任务的优先级。AI 驱动的优先级排序功能可帮你以最高效的方式管理任务和处理工作，从而充分利用时间和精力。

- **个性化提醒**。如同优秀的助理，AI 可提供个性化提醒，帮助你保持专注。你可根据自己的偏好定制通知，并通过各种渠道（如电子邮件、谷歌 Chat、微软 Teams 或 Slack）来接收它们。

开发潜在客户

- **机会发现者**。使用 AI 识别潜在客户可能出席的社交场合和活动。

- **意向和购买窗口**。识别哪些潜在客户更有可能购买或即将进入购买窗口。

- **生成潜在客户列表**。AI 可分析海量意向数据，结合理想的筛选条件，生成高转化率的潜在客户列表。

- **推荐联系人**。AI 可根据共同兴趣、共同联系人或潜在的业务协同效应，推荐新的社交媒体联系人。

战略思考

- **头脑风暴**。AI 可帮你打开思路,对你的想法进行拓展,以助力头脑风暴(生成式 AI 的绝佳应用场景)。

- **通话前的准备**。当你为销售对话做准备时,AI 可帮你查找利益相关者及其公司的信息,快速浏览并总结文档,精确定位潜在痛点或商机,并生成探索性问题。

- **交易预测**。基于历史数据,AI 可预测哪些交易最有可能成交,这有助于你排序优先级并投入足够的时间跟进销售漏斗中赢率最高的商机。

- **风险警报**。针对可能存在风险的交易,AI 可发送警报,以帮助你在关键时刻调整沟通策略,并及时进行干预。

- **客户拓展和留存**。对于客户经理和客户成功专员,AI 可识别追加销售和交叉销售的机会。同时,AI 还可识别哪些客户最有可能流失,并有助于提高净收入留存率。

- **竞争对手分析**。AI 可解析竞争对手的策略和产品动态,帮助销售人员掌握市场信息,预先准备应对竞争对手说辞的反驳策略。

职业发展

- **销售绩效跟踪**。通过人工方式,持续跟踪个人销售指标及 KPI 以评估和改进绩效,往往费时费力。AI 可更快速、更准确地汇总相关数据。

- **改进建议**。AI 可分析你的销售数据,并根据绩效分析结果提供改进建议。

- **持续学习**。根据你的学习需求或兴趣,AI 可推荐文章、视频和课程,帮助你紧跟行业趋势并精进技能。

优先考虑投资回报

AI 工具的数量正在激增。目前，市场上已有大量应用程序可显著提高你的工作效率。未来，还有更多的应用程序即将面世。

其中，一些应用程序将被整合至现有工具，如日历、CRM 和电子邮件平台。另一些应用程序则需要单独购买，并且可能受限于公司政策而无法使用。

不过，有一点可以确定，如果你准备自掏腰包购买 AI 工具，务必做好心理准备——AI 工具的价格不菲。因此，在你决定将哪些工作交给 AI 处理时，一定要确保投资回报率是合理的，并且支付的费用值得你所节省的时间。

AI 的应用是一场马拉松，而不是短跑

如果使用得当，AI 能使你高度专注于你最擅长且乐在其中的事情。它不仅能为销售日和个人生活腾出时间，还能帮你摆脱那些消磨你工作热情的事务。这正是 AI 的重要价值所在。

AI 虽不能解决所有问题，也无法完全代劳你不愿处理的事务，但作为销售人员，当你全面审视工作时，AI 的应用前景将超乎想象。然而，要在销售领域建立 AI 优势，这注定是一段漫长而曲折的旅程，是一场马拉松而不是短跑。

接下来，我们将通过 4 个练习来开启这段旅程，激发你对 AI 潜能的想象，并帮助你确定哪些工作应交由 AI 处理，哪些应由自己处理。在进行这些练习时，请针对占用你时间的事务（包括工作、活动和任务）回答以下问题：

- 这项事务与你的目标一致吗？
- 在这项事务上花费时间是否能为你的人生带来意义？
- 这项事务是否能使你更接近目标？

- 你是否喜欢这项事务？

- 如果你不喜欢这项事务，它是否属于你必须做且应该做的高价值关键事务？

- 这项事务是否只有你能完成？

- 你是否能为这项事务带来 AI 无法企及的独特价值？

- 这项事务能否为公司、收入、客户、家庭或生活创造独特的价值？

- 你能否全身心投入这项事务并努力做到最好？

- 你当前在这项事务上花费了多少时间？为什么？

- 你当前在那些能带来快乐的且只有你能处理的事务上花费了多少时间？

- 你当前在那些会消磨热情的且 AI 能比你做得更好的事务上花费了多少时间？

练习 17-1：令人愉快的销售活动

进行头脑风暴，以销售人员或销售领导者的身份列出你喜欢的销售活动，并说明原因。

你喜欢的销售活动	原因

　　请认真审视这个列表。它应该体现你作为人类独有的核心优势。在考虑将哪些活动交给 AI 时，请以这个列表作为参考。当然，列表中的有些活动或许 AI 也能完成，但这并不意味着你应该将其交给 AI。谨记机器人规则三：AI 能做，不意味着应该做。永远不要让 AI 偷走你的快乐！

　　说实话，并非所有活动目前都有成熟的 AI 替代方案。但随着技术进步，这些方案随时可能出现，因此，你要时刻关注技术发展的最新动态。

练习 17-2：阻碍销售的活动

　　请列出你认为会阻碍开发潜在客户、与利益相关者进行同步对话、制定交易策略、创造性解决问题以及在销售漏斗中推进商机的活动（或其他高价值的销售活动）。说明为什么这些活动会产生负面影响。

阻碍销售的活动	原因

　　在审视这个列表时，请思考你愿意将哪些活动交给 AI（如果你能教会 AI 如何完成这些活动）。这将为寻找可接手这些活动的 AI 工具、技术、系统和流程提供参考。

练习 17-3：保留或移交

根据现有技术条件，创建一个短期的优先级列表，明确你将保留的销售活动和时间管理活动，以及将移交给 AI 处理的销售活动和时间管理活动。这里就是开启你 AI 之旅的起点。

你将保留的销售活动和 时间管理活动	你将移交给 AI 处理的销售活动和 时间管理活动

如果你正在处理的活动无助于实现目标、缺乏意义或不能带来快乐，你就需要想方设法摆脱这项活动。可以委派它，推迟它，删除它，也可以由 AI 自动处理它。请记住，时间资源恒定不变，所以，要让时间过得更有价值！

练习 17-4：用于优先级排序的 AI 工具

最后，根据现有技术条件，创建一个短期的优先级列表，明确优先考虑委派 AI 的销售活动和时间管理活动，以及首选的 AI 工具、平台、软件、小部件。

优先考虑委派 AI 的销售活动 和时间管理活动	首选的 AI 工具、平台、 软件、小部件

第18章

练习与提示词

马尔科姆·格拉德威尔在《异类》一书中推广了"1万小时定律"。他宣扬的概念是，要精通任何学科都需要进行1万小时的刻意练习。

鲜为人知的是，最早提出"1万小时定律"的是佛罗里达州立大学的心理学教授、心理学家 K.安德斯·埃里克森。他的理论基于对国际象棋、音乐、体育和医学等领域大师级人物的练习模式的观察。

尽管对于1万小时这一精确数值存在争议，但人们普遍认同：在大多数领域中，刻意练习能显著提升专业胜任力。遗憾的是，由于精通任何事物都异常艰难，大多数人都未能达到他们期望的胜任力水平。枯燥的练习过程使大多数人过早放弃。

对于 AI 的使用来说也不例外，学习它同样很难。尝试不同的 AI 提示词可能让人抓狂，犹如一边蒙眼驾驭烈焰中的骏马，一边破解谜题。

在学习如何有效使用 AI 的过程中所产生的挫败感，与学习任何新事物如出一辙。有时，你甚至觉得，将任务交给 AI 处理比自己动手完成更费时。

你难免会产生放弃的念头。但我要说的是，请一定坚持下来。没有人能从一开始就完全精通新事物。保持耐心，追求渐进式改善而非一步到位。切忌退回舒适区！你练习得越多，取得的进步就越大，最终，你将驾驭 AI，从曾经的困难重重变得轻而易举，如同本能一样。

要熟练使用新工具，你必须先放慢脚步并进行练习，之后才能加快速度。关键在于，要践行埃里克森倡导的刻意练习。这意味着你要专门留出时间来学习和掌握 AI。这种练习必须持续进行，因为 AI 技术会不断发展和演变。

练习 18-1：AI 工具清单

列出你正在使用的 AI 工具，并按 1~5 分对每个工具的使用熟练度进行评分（5 分表示专家级用户，1 分表示入门级用户）。然后，通过我们接下来将介绍的提示词工程来提高你对每个工具的熟练度。

AI 工具	如何/为什么/何时使用它	熟练度评分（1~5 分）

提示词工程

提示词工程是将文本结构化，使其能够被生成式 AI 解读和理解的过程。

AI 工具通过海量文本和代码数据进行训练，可以生成文本、翻译语言、编写各种创意销售文案，并以专业方式回答你的问题。但前提是，你要知道如何以正确的格式提出正确的问题。

提示词是一种自然语言文本，用于描述 AI 应执行的任务。本质上，提示词是我们用 AI 的"语言"与之交流的方式。

例如，"写一首关于猫的诗"的提示词会指示 AI 生成一首关于猫的诗。但如此宽泛的请求可能无法得到你想要的结果。因此，为了获得理想的内容，你需要提供额外信息，如诗的风格、诗的背景或期望的长度。你可以将刚才的提示词改为："写一首关于猫的诗，描写它在无月之夜穿过树林，风格模仿埃德加·爱伦·坡。"

以下是 AI 生成的内容（仅供娱乐）：

暗林低语绕枝丫，绒掌如铃寂不哗。
夜色吞光形影灭，苍猫独步素披纱。

月失银辉星弃冕，乌檀夜幕覆天涯。
猫行却似幽魂渡，踏雪无痕魅影斜。

枯木森森如鬼立，枝摇骨响泣咿呀。
光逃渊薮森罗处，万籁俱喑唯夜嗟。

"汝探何秘此冥夜？"鸦啼如刃破昏纱。
叶底窸窣传隐恸，林间众泣说劫煞。

然此惧意非伊伴，暗夜恰是故园家。
琥珀双瞳燃业火，巡游九夜未觉赊。

茑蔚为篷影作舞，魔魅丛生幻形遮。
终寻归路默然去，魂安如坡笔下耶。

　　提示词工程的目标是编写清晰、简洁且能一次性获得所需信息的提示词。你需要在开始时就明确需求并据此设计提示词，而非输入内容模糊的提示词，指望 AI 生成接近预期的结果。提示词应该足够具体，以明确告诉 AI 工具该做什么，但也不能过于具体，以免限制其创造性。同时，提示词应符合语法规范且无错误。

　　以下是一些提示词工程的基本示例：

- 将这句话从英文翻译成法文。
- 回答以下问题：法国的首都在哪里？
- 编写一段在控制台输出"Hello, world!"的代码。
- 写一个机器人爱上人类的科幻故事。

　　有效的提示词工程至关重要，因为提示词或问题的措辞会对输出的质量和回答的实用性产生显著影响。也有人提出，应减少与 AI 工具的交互次数，以便更快获取所需的内容，从而腾出更多时间来完成更多的销售任务。

练习编写提示词

　　当你开始使用提示词时，可能需要多次调整才能找到完全符合需求的方案。编写提示词是一项需要灵活掌握的技能。

　　由于 AI 开发者也难以制定完美无缺的提示词方案，加之 AI 持续学习和进化的特性（AI 的能力也在持续增长），目前并不存在通用的提示词工程手册。这意味着当前有效的提示词，未来再次使用时可能产生不同的结果。

　　例如，安东尼曾花费数小时开发了一个复杂的提示词，然而，这个提示词在有效运作了数月后突然失效。最终，他不得不要求 AI 重新编写提示词以恢复原有功能。

这里带来的启示是，当提示词失效时，你可以直接要求 AI 帮你重新编写提示词。我第一次尝试编写复杂提示词时也遭遇失败。当时，我想实现在博客文章中自动添加超链接的功能（这将节省大量时间）。我尝试了我能想到的各种表述，但都无济于事。

后来，我突发奇想：还有谁比 AI 更了解它自己呢？于是，我输入："你能帮我编写一个在博客文章中自动添加超链接的提示词吗？" AI 当即生成可完美运作的提示词。

正如参议员兼商人昌西·迪普所言："迈向成功的第一步就是决定不再安于现状。"同理，要掌握 AI 提示词，使你变得更敏捷、更卓越、更睿智，关键在于下定决心进行实践。接下来的练习将带领大家迈出这关键一步。

练习 18-2：熟悉生成式 AI 的提示词

打开浏览器，分别用不同标签页访问以下 AI 平台：ChatGPT、Gemini、Claude。然后在这些平台上分别输入提示词：列出按页数排名的前 50 部文学作品。

观察这三个平台之间的输出差异。通过这一宽泛且主观的提示词，你可以初步了解基于不同数据训练的 AI 模型的性能特点。

本练习告诉我们，随着 AI 平台的增多，我们需要针对不同平台优化提示词的内容。

接下来，尝试杰布推荐的提示词：以表格形式列出佐治亚斗牛犬队获胜场次最多的赛季和胜负记录。

注意输出的质量，以及"以表格形式"是如何组织数据的。从生成的内容来看，三个平台的结果存在一定的差异，因此，很有必要在不同平台上练习和尝试不同的提示词。

专业建议：Gemini 的优势在于它支持将输出结果直接导入 Google Sheets，可进一步节省时间。

加油，斗牛犬队！

练习 18-3：练习销售专用的提示词

现在，我们来实际练习销售专用的提示词。请分别尝试以下两个提示词，并观察输出结果：

- **ChatGPT**："以表格形式列出 Williams Sewer & Drain 公司[①]的前五大竞争对手，需要提供相关网站、电话号码以及 CEO 或公司所有者的姓名。"
- **Gemini**："列出位于佐治亚州奥古斯塔市的 Williams Sewage & Drain 公司的前五大竞争对手。"

请思考如何在你负责的区域中使用提示词来开发潜在客户。

练习 18-4：编写提示词

是时候展现你在 AI 提示词工程方面的专业能力了，请尝试编写提示词。

- **提示词练习 1**：选择一个目标潜在客户。编写一个提示词，让 AI 为你解析客户所在行业的特点以及客户可能面临的业务挑战。

---

① 也可在此处输入公司的网址。——译者注

- **提示词练习 2**：编写一个提示词，让 AI 描述潜在客户的价值主张以及它将如何帮助客户。

请反复调整、优化提示词直至获得理想的结果。然后，将这些新的提示词添加至提示词库。

构建销售提示词库

要避免每次向 AI 询问信息时都从头开始构思。这种做法会浪费大量时间。正确的做法是，当你发现某个提示词的效果良好时，立即将它添加至你的提示词库，以便日后随时调用。

例如，安东尼的提示词库包含以下类别的提示词：

- 写作质量评价的提示词。
- 生成书面沟通问题列表的提示词。
- 博客文章转社交媒体推文的提示词。

表 18-1 提供了一些基础示例，可帮你快速创建自己的提示词库。

表 18-1　提示词库示例

场景	平台	目的	提示词	备注
编辑	ChatGPT	编辑文字，但不重写原文	你是世界级的英文编辑。请编辑以下文章，但不要重写原文，除非需要纠正拼写错误、补充遗漏单词或修正语法及句法错误。完成编辑后，请以表格形式列出所有修改内容	该表格可用于检查 AI 的编辑工作。有时，AI 可能重写原文。如果发生这种情况，请让它重新开始

续表

场景	平台	目的	提示词	备注
评价	ChatGPT	通过具体建议来帮你提升写作能力	请分析[主题名/作品名]，并指出可以改进的地方。提出具体的建议和意见，说明如何改进以获得更好的效果	你需要判断哪些建议有助于提升写作能力
领英帖子	ChatGPT	将文本转换为领英帖子	请将这篇文章转换为领英帖子，使用[8]个要点和表情符号，并聚焦于[主题]。请避免使用"LinkedIn Fam"这样的表述，并以第二人称撰写	如果你的公司发布博客文章或其他内容，这个提示词可将其转换为带有表情符号的领英帖子
行业趋势洞察	Gemini	研究并了解某一行业	你是世界级的[行业]研究员，请提供该行业当前面临的主要阻力和助力清单，并为每个趋势提供数据点	ChatGPT 在处理这个提示词时表现并不理想。Bard（谷歌公司推出的聊天机器人）的表现似乎更好，因为它可以连接互联网
潜在客户开发邮件（面向领导者）	ChatGPT	撰写包含行业见解和强有力的行动号召的潜在客户开发邮件	假设你是石油和天然气领域的顶尖文案专家，请撰写一封简短的潜在客户开发邮件，其中需要包含两条行业见解和强有力的行动号召	在发送邮件前，你需要审核 AI 生成的内容
评估客户合同风险	Claude.ai 或 ChatGPT	识别签署客户合同可能带来的风险	你是世界级的合同律师，对签署合同持谨慎态度。我应该担心哪些风险，为什么？	不用担心 AI 会建议你找律师。Claude.ai 可以在 3 分钟内处理 400 页文件

续表

场景	平台	目的	提示词	备注
编辑合同条款以降低风险	Claude.ai 或 ChatGPT	通过 AI 重写合同来降低风险	你是世界级的合同律师，受聘重写这一条款，使其对双方公平或互惠	这个提示词在处理赔偿和其他可能存在问题且不公平的法律承诺时效果良好
外交辞令润色	ChatGPT	确保内容不会冒犯客户	编辑这段文字，确保所有内容不会引起对方的反感	有时,你写的内容会被对方误解为冒犯。使用该提示词,可确保你不会冒犯对方。尽管 AI 很客观,但你仍需要审核这段文字
总结并为销售会议做准备	ChatGPT	总结最近的互动情况	请总结附件中的笔记，按日期总结每次互动，并突出我对该客户所做的任何承诺	如果你使用了 AI 录音工具,这将非常有帮助。如果笔记保存在 PDF 文档中,AI 也可以处理
领导者和决策者的特征	ChatGPT	了解领导者的心理特征和决策者的行为特征	请提供[行业]中高级领导者（或决策者）的心理特征和行为特征，如[公司 1]、[公司 2]和[公司 3]	通过给出领导者(或决策者)的思维方式和行为方式,这个提示词可帮助你为与联系人的会议做好准备
最佳沟通方式	ChatGPT	确定如何向领导者提出新的机会以改善重要结果	我应该如何向这些领导者提出改善[结果]的机会?	这个提示词可帮助你准备潜在客户的信息

练习 18-5：创建你的提示词库

现在，请立即着手创建你的提示词库。一开始，你可以参考表 18-1 中的提示词，待技能提升后，再逐步添加自己设计的提示词。如果你已经收藏了一些常用的提示词，可直接将它们添加至你的提示词库。之后，若发现新的更有效的提示词，可继续扩充你的提示词库。

在本书后续章节，我们还会提供一些经过实战检验的提示词，你可以将它们也添加至你的提示词库。建议将提示词库保存至在线表格，以便随时调用。这样一来，当你需要使用某个提示词时，可直接从你的提示词库中复制提示词以供特定 AI 工具使用。此外，你还可以使用 Magical 等应用程序来管理提示词库，这类应用程序可通过设置快捷方式来自动输入 AI 提示词，从而节省更多时间。

持之以恒

在第 4 部分，我们将重点探讨 AI 最能提升效能的核心领域：写作和沟通。在正确的场景下运用正确的提示词，每年可为你节省数百小时，并可使你的书面沟通质量提高数十倍。

海伦·凯勒说过，只要我们坚持得足够久，就能实现任何目标。请持续精进提示词技能。要获得竞争优势，你必须保持技术领先，这需要好奇心、探索精神和大量练习。

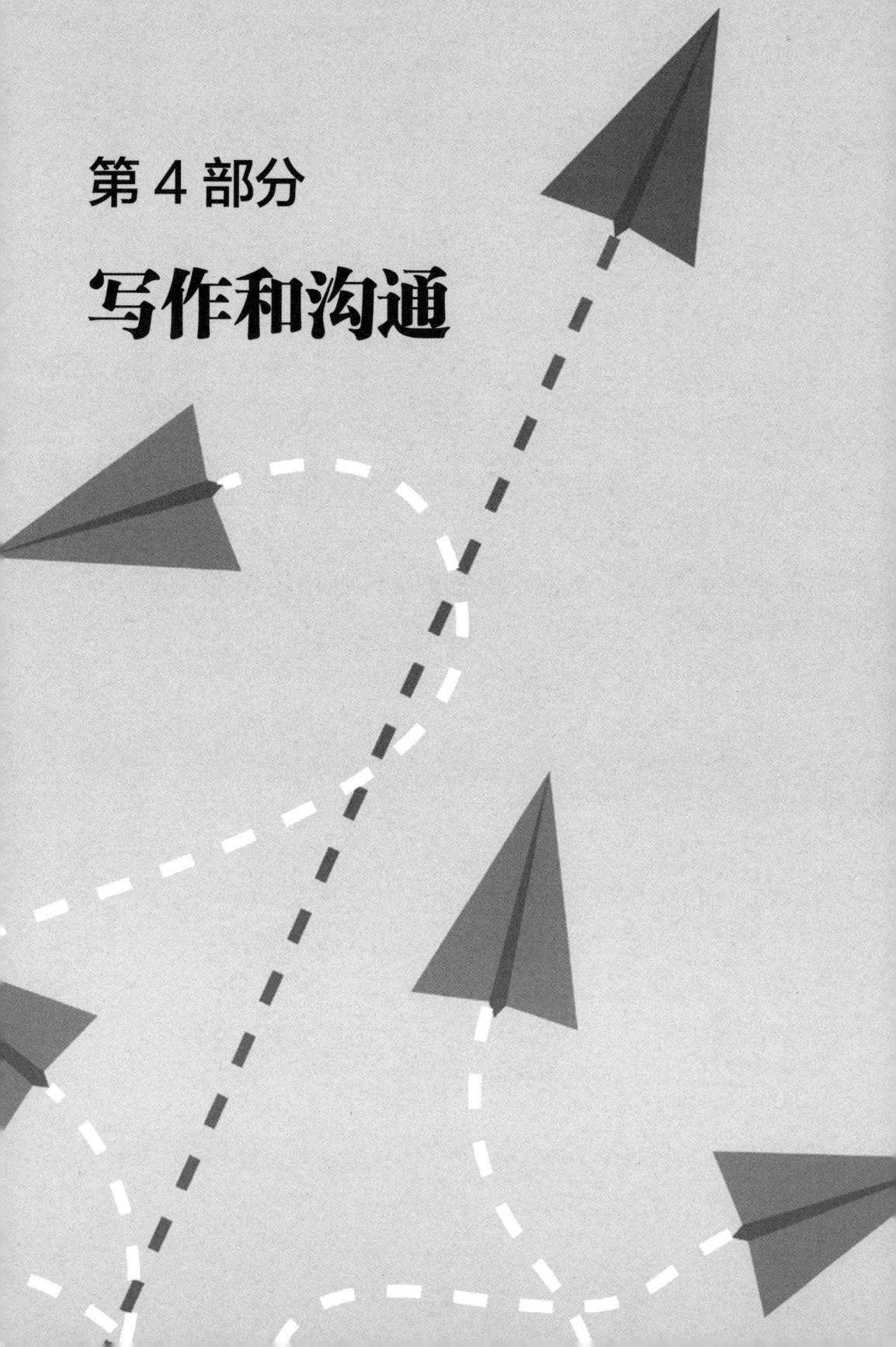

第 4 部分

写作和沟通

尽管有些人将其称为人工智能，但现实是这项技术赋能于人。因此，与其说它是人工智能，不如说我们将增强自己的智能。

——吉尼·罗梅蒂

第 19 章

观其行，识其质

在一次晚宴上，我的一位好友，一家快速发展的科技公司的 CEO，大声朗读了公关公司发来请他审阅的文章。他边读边皱眉："这段必须修改……这个表述不妥……这里需要重新措辞……"

听着这些反馈，我感到异常熟悉。待他读完后，我直言道："这篇文章完全出自 AI 之手，很可能是 ChatGPT 生成的。"

他立即反驳："不可能，绝对不可能！我支付了高昂的费用，他们绝不可能这样敷衍我！"

"但事实是，"我指出，"他们最多只花了 5 分钟就'完成'了这篇文章，你应该把钱要回来！"

他仍然难以置信，当即联系了公关公司的客户经理求证。对方不得不承认确实使用 ChatGPT 撰写了关于他和他公司的文章。场面顿时尴尬至极，他脸上那种遭受背叛的痛楚神情，甚至让我后悔揭穿此事。

顷刻间，他对这家公关公司的信任土崩瓦解。在他看来，对方的专业价值一落千丈。这成为双方合作关系的转折点，最终导致该公关公司损失了数万美元的合约。

人类反感被操纵

我们姑且认为这家公关公司的初衷是好的——想为其客户创作一篇引人入胜的文章。然而，该公关公司犯了两个致命错误。

其一，该公关公司让我的朋友产生了被操纵感，这如同当人们发现自己在与伪装成人类的 AI 交流时的本能反应。这也解释了为何我们官网在线咨询中最高频的问题是："你是真人吗？"人们需要明确交流对象的属性，才能建立合理的预期。

其二，该公关公司在一个关乎客户重要利益的事件上敷衍了事，既贬损了自身的品牌价值，也丧失了客户的信任。我的朋友感觉受骗了，因为他为专业服务支付了高昂的费用，但对方懒得使用专业知识。该公关公司发来的内容，他自己完全可以用 ChatGPT 生成。

关键警示：人类本能地蔑视那些投机取巧、不愿投入的合作伙伴。这种行为传递出"毫不在意"的信号。因此，在关键业务中，妄想通过生成式 AI "一劳永逸"地解决所有问题，实则是饮鸩止渴的愚蠢策略，最终会毁掉你与他人的合作关系。

人们不信任机器人

总有人妄图挑战自然规律。但问题在于，自然存在的时间远比人类悠久，它必将反噬"投机者"。

如今，销售人员正在向潜在客户发送大量明显是由 AI 撰写的电子邮件。

AI 的写作模式很雷同，极易识别，收件人只需几秒钟就能将这些邮件标记为垃圾邮件并拉黑发件人。为此，主流电子邮件服务商已出台规则来遏制这种行为。这种缺乏诚意的营销手段不仅徒劳无功，而且使此类开发潜在客户的方式迅速失效。

全球的潜在客户和客户都已察觉这个问题。客户绝非愚钝之辈，他们能敏锐识别敷衍了事的套路，看出 AI 行文的模式。当你的态度、行为和文字都充满"机器感"时，在他们眼中你就等同于机器人。而残酷的事实是，人们永远不信任机器人。

人类的优势在于真实性、同理心、创造力、随机性、易错性和不可预测性。唯有通过真诚付出才能赢得潜在客户和客户的认可，才能体现出你对他们的重视。在 AI 主导的世界，要想持续保持领先，你必须充分发挥这些独一无二的人类特质。

AI 永远无法成为你

AI 在很多方面都无法模仿人类，但这并不意味着你应完全弃用它。相反，你应该善用 AI，让它助你更高效、更智慧地工作。AI 可以（且必将）为你完成很多令人惊叹的任务，如撰写文章、电子邮件、会议摘要、社交媒体推文、提案、脚本以及任何你希望它生成的文本内容。但是，切勿不经深思熟虑就将一切工作都交给 AI，否则你不仅会荒废自身的人类能力，还可能引发意想不到的后果。

AI 终究无法成为你。因此，你千万不要给出提示词后就放任不管了。即便使用了引导 AI 人性化输出的提示词，你仍需要花时间对 AI 生成的内容进行"人性化"润色。

试想，如果我朋友的公关公司能以 AI 生成的文章为初稿，再精心编辑和改写，剔除机器化的表达，赋予其真实自然的人类口吻，结果将大不相同。公关公司本可以确保终稿反映出我朋友的价值观——这些价值观源自双方的深入交流。对于这种深层次的洞察力，即使人类试图通过提示词灌输给 AI，它也难以真正领悟。

尽管生成式 AI 能以超乎人类的速度和规模处理信息、生成文本，但它缺乏真正的理解和情感背景。随着 AI 不断融入我们的日常生活，严格区分 AI 生成的内容与人类之间的真实互动，将变得至关重要。

尤为重要的是，当你使用 AI 进行信息传递和写作时，务必密切关注潜在客户和客户的反馈，无论是正面的还是负面的。如果你的邮件未被阅读就被删除，就该反思你的表达方式和沟通策略。借助这些反馈来不断优化你的方法、提示词和编辑技巧，让你撰写的内容读起来更符合人类的表述方式。

以下是一些人类很少使用的词汇，这些词汇会让读者意识到内容是由 AI 生成的：

- Akin（类似的）
- Delve（探究、钻研）
- Facilitate（促进）
- Subsequently（随后）
- Encompass（包含）
- Alleviate（缓解、减轻）
- Comprise（由……组成）
- Embark（着手、开始）
- Foremost（首要的、最重要的）
- Pertinent（相关的）

- Advocate for（提倡、倡导）
- In light of（鉴于）
- Invariably（总是）
- Intricacies（错综复杂的事务）
- Paramount（至关重要的）
- Mitigate（减轻）
- Augment（增加、加强）
- Intrinsically（本质上）
- Synergize（协同作用）
- Viable（可行的）
- Analogous（类似的）
- Catalyst（催化剂）
- Expound（阐述、详细说明）
- Utilize（利用）
- Efficacious（有效的）
- Notwithstanding（尽管）
- Profound（深刻的）
- Foster（培养）
- Preeminent（卓越的）
- Expedite（加速、加快）

将 AI 当作你的写作助手

让我们快速回顾一下。如果滥用 AI（例如，不加甄别地复制和粘贴），不仅可能损害人际关系，还会让你显得懒惰且能力不足。反之，若能善加利用 AI，并结合人类独有的优势，它将帮你节省大量时间，并显著提升书面沟通效果。

AI 的辅助写作功能极为丰富，甚至包括一些很复杂的功能，本书难以全面覆盖。因此，我们不会事无巨细地罗列所有应用场景和提示词，而是重点探讨如何借助 AI 的核心功能来优化和加速书面沟通：

- 编辑。
- 拼写检查。
- 总结并提炼要点。
- 语法检查。
- 单词替换和同义词推荐。
- 缺词检查。
- 调整语气和风格。
- 缩短句子。
- 压缩冗长文档。
- 用词优化。
- 重新写作。
- 模仿你的写作风格。
- 转换不同的写作风格。
- 用其他语言写作。

要充分发挥 AI 辅助写作的价值，先要夯实自己的基本写作能力，包括句式结构、语法规则和编辑技巧。唯有掌握这些基本能力，才能真正激活 AI 在书面沟通中的强大潜能——AI 的辅助效果远超你的想象。

第 20 章

提高写作和编辑能力

我们不妨直言不讳，尽管这话可能不中听。就算标准的语法和句子结构披上独角兽戏服、抡着 2 米长的木板朝他们脸上砸去，大多数销售人员也根本认不出来。

销售人员擅长口头表达、方案演示、白板绘图，更擅长让客户点头应允。但说到写作？抱歉，这绝非他们的长项。

然而，写作的重要性不亚于衣着、谈吐和职业形象。拙劣的书面沟通会让人们质疑你的专业素养。进而给你贴上"没文化""不靠谱""懒散""敷衍""业余"等标签，在竞争激烈的商战中，这些足以让你满盘皆输，因为成败往往就在毫厘之间。

写作就是竞争力。优秀的书面表达能力将助你：

- 以书面形式高效沟通，使你的影响力不仅覆盖已知利益相关者，还能触及未知群体。

- 即使你不在场，也能推广你的想法和解决方案，尤其是在交易复杂性增加、采购委员会扩大、销售周期延长的情况下。

- 推动你的职业发展，获得晋升和加薪。
- 建立个人品牌，展示你的专业知识、见解和领导力。
- 更有效地争取你想要的条件。

不使用 AI，如何提高商务写作能力

与前文所述的时间管理能力类似，若想借助 AI 提高写作能力，你必须先打好写作和语法的基础。这需要你在句子结构、词汇积累和基础语法方面花费时间并投入精力，通过刻意练习夯实基本功。

不可否认，现代教育体系在培养年轻人的写作能力方面并不理想。但这不能成为借口！请别再对自己和别人说"我不会写作"这种鬼话了。当你不断强调自己没有能力时，这种"预言"就真的会自我实现。

只要下定决心，你完全可以提高写作能力。作为过来人，我们对此深有体会：在刚开始写作时，我们的文章简直惨不忍睹。

但通过持续练习、学习、接受指正、与编辑合作、大量阅读和写作，我们的写作能力逐渐提高了。

还记得"1 万小时定律"吗？事实证明，你写得越多，你写得就越好。即便我们在起步时文笔拙劣（至今仍偶有失误），但通过撰写文字，我们成功建立了全球业务，影响了数百万人。如今，世界各地的人们都在阅读我们的书籍和文章。

我们必须强调，在使用 AI 进一步提高写作能力前，先把基础打好至关重要。现在，就开始行动吧。推荐你阅读《写作法宝》，这本书能让你快速提高写作能力（效果立竿见影），同时推荐《哈佛商业评论商务写作指南》。买来读吧，开卷有益！

我们建议你使用 Grammarly。Grammarly 是一个辅助写作的 AI 工具，它通过自然语言处理技术，来帮你检查语法、标点、拼写和风格问题，并提供修改建议，使文本更准确、更简练、更有力。

提高写作能力的秘诀在于，研读 Grammarly 给出的修改批注，这可以帮助你从错误中学习并持续改进。经常使用该工具能发现你的常见错误和弱点。这种持续反馈能加深你对语法规则的理解，逐步提高写作能力。

Grammarly 还能优化写作风格和语气，使文章更吸引人、更符合读者期待。这对把握正式与非正式写作风格的细微差别特别有帮助。

例如，Grammarly 帮助杰布从被动语态转变为更直接、更清晰、更生动的主动语态。有时，读者或许很难用话语表达文章好在哪里，但他们肯定能感受到。事实证明，这一转变对其图书的销量产生了积极影响。

通过积极采纳 Grammarly 提供的反馈和建议，结合《写作法宝》等书籍的指导，你可以快速提高写作能力。

练习 20-1：确定 3 个写作能力的改进方面

花点时间评估一下你的写作能力，尤其是商务写作能力。列出你想改进的方面（例如，表达的简洁性、语气的亲和感、句式的丰富度、行文的流畅性、句法的改进、结构的清晰度等）。然后，圈出你最想优先改进的 3 个方面。

在确定改进目标后，你就能在写作时特别关注这些方面。更有效的方法是，使用 AI 有针对性地强化这些方面。在第 21 章，我们将介绍如何设计提示词，以引导 AI 进行特定编辑。每次聚焦不超过 3 个方面，也能帮助你更好地提高写作能力。

练习 20-2：与 AI 写作进行对比

本练习将帮你分析自己的写作风格与 AI 写作风格的差异。

步骤 1：选择一个主题。

步骤 2：就该主题撰写 500 字的文章。

步骤 3：向 ChatGPT 或 Claude 输入以下提示词："就[你选择的主题]写一篇 500 字的文章。"

步骤 4：将你的写作风格与 AI 的写作风格进行对比。

步骤 5：记录你需要改进的方面。重点思考，在保留 AI 优势的同时，如何编辑加工 AI 生成的内容，使最终作品更具有人性化特质。

第 21 章

编辑的魔力

我们二人的合著字数超过两百万。经过 1 万多小时的实践，我们领悟到，书籍是在编辑过程中成形的，而非写作过程。就像米开朗基罗所说："塑像本来就在石头里，我只是把不需要的部分去掉。"

人类的写作是杂乱且不完美的。AI 的写作则是枯燥且生硬的。编辑能让你和 AI 写出的内容更具可读性。这涉及剔除冗余词汇，为读者呈现条理清晰、易于理解且阅读愉悦的信息。

你需要学习写作的主要原因是，这能培养你的编辑能力。你应能够：

1. 在不依赖 AI 的情况下编辑自己的作品。

2. 编写提示词，指导 AI 辅助编辑你的作品。

3. 校对和编辑 AI 生成的内容。

编辑的本质在于删减词句、优化结构、简化文本。这正是文字产生魔力的关键阶段。像 Wordrake 这样的 AI 工具可以在这一阶段提供帮助。

多数人在处理自己的文章和 AI 的文章时，最常犯的错误是，因为编辑工作艰难、枯燥、耗时而逃避它。但跳过编辑环节的后果是，写出的文字杂乱无章，让你显得懒惰又愚蠢。

请现在就下定决心，在借助 AI 写作前，严格要求自己进行编辑加工。

你的超级编辑助手

书面语言和语法规则非常复杂。对于大多数普通人来说，要记住所有规则的应用场景，以及所有单词的拼写方式几乎是不可能的。我们常常会搞错基础语法、动词时态和介词搭配，也容易写出冗长、啰唆而非直击要点的句子。

语法规则并不总是合乎逻辑，有时还会因语境而发生变化。例如，你在学校可能学过 "I before E except after C" 的规则。这正是 AI 作为编辑和校对工具的优势所在（后文提供了 AI 对这个规则的见解）。AI 已经掌握了所有的语法规则，熟悉每个单词的拼写，并能以超快的速度校对你的文章。

你：

请解释这条规则以及例外情况：I before E except after C。

ChatGPT：

这条规则是英语拼写中的记忆口诀，用于区分容易混淆的 "i" 和 "e" 字母组合。其核心内容是：当 "i" 和 "e" 同时出现时，通常应拼写为 "ie"，除非它们紧跟在字母 "c" 之后，此时则应拼写为 "ei"。

然而，这条规则有很多例外情况，主要可分为以下几类：

1. 不遵循 "c 后接 ei" 的单词：如 "neither" "weird" "protein" "height" 等单词中的 "ei" 组合并未跟在 "c" 后，并且不发 "ee" 音。

2. "c 后仍接 ie" 的单词：如 "species" "science" "sufficient" 等单词虽在 "c" 后却仍保持 "ie" 拼写。

3. 发音特殊的单词：当 "ei" 或 "ie" 不发 "ee" 音时规则失效，如 "efficient"

和 "ancient" 中的字母组合 "ie/ei" 发 "i" 音。

4. 外来词汇或借用词：英语中有许多来自其他语言的单词，它们不遵循英语的拼写习惯，如源自法语的借用词 "leisure" 就不适用此规则。

鉴于众多例外，这条规则常被诟病——反而更令人困惑。它更应被视为一般性指导原则而非绝对的规则，具体单词的拼写仍需要单独记忆。

掌握 "编辑" 方面的提示词

将 AI 当作编辑加以利用的关键是，知道如何用提示词来引导它完成这项工作。设计一个能检查动词时态、介词搭配等语法错误的提示词，这可以在保留个人写作风格的前提下，有效提高你的书面表达能力。以下是一个针对正式销售提案的复杂编辑提示词示例：

> "请对以下销售提案的文本进行全面的拼写检查和语法审核。该文本用于正式商务场合，因此，需要确保行文专业且经过润色。请特别注意技术术语和行业专有名词的使用及拼写是否正确。同时，请检查术语和格式的一致性，尤其是在产品名称和技术规格方面。目标读者为美式英语受众，请确保拼写符合美式英语标准。最后，如果有任何句子可以改写得更清晰或更具说服力，请提出修改建议。以下是文本内容：[插入销售提案文本]。"

该提示词明确要求在特定专业语境下进行全面的拼写检查、语法审核和风格考量，确保所使用的语言符合目标场景的需求。

以下是两个编辑提示词，仅供娱乐：

- **罗伯特·戈特利布版的提示词**："你现在是编辑罗伯特·戈特利布，决定帮助一位销售人员改进写作。你要检查文本中的拼写错误、遗漏词汇、语法或句法问题和语气。仅在发现问题时才对文本进行修改。"

- **本杰明·德雷尔版的提示词**："你现在是兰登书屋的首席文字编辑本杰明·德雷尔，决定帮助一位销售人员改进写作。你要检查文本中的拼写错误、遗漏词汇、语法或句法问题和语气。仅在发现问题时才对文本进行修改。"

需要注意的是，AI 的修改有时会让内容明显带有 AI 编辑的痕迹。因此，在 AI 完成编辑后，你必须亲自校对文字。如果发现不自然的表达，请及时修改。

标点符号

销售人员在书面沟通中最常犯的错误往往与标点符号有关。逗号、撇号和分号很容易被错误使用，包括用错场合、放错位置或搭配不当。

- **逗号问题**。"我们公司，在本月将推出一款新产品。"（此处不需要使用逗号。）

- **撇号问题**。"Get your's before we run out."（"your's" 应为 "yours"。）

- **分号问题**。"这是我们的最佳解决方案；因为它质量最优且成本最低。"（此处不应使用分号。）

你可以参加英语语法课程，通过大量分析句子结构成为顶尖编辑。或者，你也可以借助 AI 来检查标点符号错误。例如，可以使用以下提示词：

　　"请检查文档中的标点符号错误。修正所有发现的错误，包括与逗号、句号、分号、冒号、撇号、引号及其他标点符号相关的使用问题。确保句子的语法正确且表意清晰。"

将文档内容粘贴在这个提示词后面即可。对于较长的文档，建议分节检查，以保证准确性和全面性。

词汇

词汇的选择直接影响他人对你的看法。在书面沟通中，准确运用词汇对精准传达信息、建立专业可信度、吸引读者注意并引发预期情感反应至关重要。词汇决定了读者对你写作内容的领会度和接受度。

- 你是否曾将"pole"误用为"poll"？更不用说混淆"there"和"their"了。这些同音异义词，听起来一样，但意思不同，极易引发尴尬。

- 当我们想展现智慧时，常会弃简求繁，例如，用"a preponderance of our clients"来表述而非直白的"most of our clients"。

- 重复用词是常见弊病。丰富、多变的词汇能使行文更生动、有趣，有助于更好地吸引读者的注意力，使文章更令人难忘。例如，"consultative"可以用"advisory""guiding""informing"或"recommending"来表述。"company"可以用"firm""business""enterprise"或"corporation"来表述。"solution"可以用"offering""products""approach""resolution"或"answer"来表述。

贫乏的词汇会让你显得缺乏专业素养、刻板无趣、装腔作势或啰唆重复。而精心选择的词汇能以清晰、有力的表达，使文章更具真实性和可读性。

- **清晰和准确**：恰当的词汇能有效传达复杂的想法，使读者更容易理解你的信息。在销售写作中，这一点尤为重要。

- **语气和风格**：恰当的词汇为你的读者设定了合适的语气。例如，使用正式或复杂的词汇可使你的文章显得更专业，而使用简单、口语化的词汇可使文章显得更接地气、更真实且更易于产生共鸣。

- **可信度和权威性**：使用恰当且准确的词汇可以提升你的可信度。它展示了你在相关主题方面的知识和信心，使读者更信任和尊重你的观点，这在销售中至关重要。

- **情感影响力**：词汇有引发情感的力量。恰当的词汇可帮助你说服读者接受你的观点。

- **避免歧义**：精确的词汇有助于避免模糊性或歧义。特别是在敏感或复杂的话题中，恰当的词汇可以确保你的信息被正确解读。

通过简单的提示词，AI 可以提升你的词汇使用水平，使你的文章更加丰富多样。AI 能指出错误用词，提高文章的可读性，还能根据语境和目标读者调整词汇的使用。

例如，为了便于读者理解，你可以要求 AI 改写文章，以适合十年级阅读水平的人阅读。你也可以要求 AI 删除任何可能引起冲突的内容，使表述更加委婉以避免冒犯他人。

以下是 6 个用于编辑词汇的提示词：

1. **提升词汇的专业性**："请审核此文档并优化词汇，使其看起来更专业。在适当的位置，用更正式、更复杂的词汇替换任何非正式或口语化的词汇。"

2. **简化词汇以提高清晰度**："我希望此文档能让普通读者轻松理解。请简化词汇，用更常见、更易懂的词汇替换复杂词汇或技术性词汇。"

3. **针对特定主题的优化**："此文档与[主题、话题、行业]有关。请对其进行修改，加入更多该特定主题常常涉及的词汇和术语，使其更具权威性。"

4. **使词汇多样化**："你能编辑此文档以使词汇多样化吗？我希望让文章更吸引人，避免重复用词。请尽可能引入同义词和不同的表达方式。"

5. **情感影响力**："这篇文章旨在[引发特定的情感，如激励、说服、激发]。请修改词汇，以增强文章的情感影响力，使用能有效传达预期情感的词汇。"

6. **词汇替换**："你是一位编辑，专注于通过替换文章中的高频词来提高写作质量。你比较保守，乐于选择广为人知的词汇，而非可能让读者感到困惑的词汇。"

如果你能提供有关目标受众或文档目的的背景信息或具体说明,这些提示词的结果会更好。

拼写

如果你想在潜在客户或客户面前出丑,拼错单词就能做到。我并非危言耸听,我只要在简报中拼错一个单词,就会收到大量指出错误的电子邮件。试想,当精心打磨的商务邮件或重要交易提案被发出后才发现拼写问题,那会多么尴尬。

虽然,并非所有客户都会在意,但若给对方留下"粗枝大叶"的印象,很可能影响合作决策。我认识几位完美主义型买家,他们明确拒绝与演示文稿和提案中有拼写错误的销售人员合作。

尽管主流办公软件(如微软 Office 和谷歌 Docs)都内置了拼写检查功能,但 AI 能将拼写检查提升至全新的高度。然而,要为 ChatGPT 这样的 AI 平台设计有效的拼写检查提示词,需要清晰地识别需要检查的文本,并明确你对修正的期望。

以下是一些设计拼写检查提示词的最佳实践:

- **清晰指定文本**。清晰标明你需要检查的文本。例如,可以尝试:"请检查以下文本的拼写[你的文本]。"
- **特定场景的拼写检查**。如果你需要在特定场景(如正式写作、提案文件等)下进行拼写检查,请提及。例如,可以尝试:"你能为针对 C 级高管的销售提案进行拼写检查吗？"

- **检查常见错误**。如果有需要，可以具体要求检查常见错误，如同音词、语法或标点符号，例如，可以尝试："请检查这封电子邮件中的拼写和语法错误。"

- **关注单词或短语**。如果你对某个特定单词或短语不确定，可以指出来。例如，可以尝试："在当前语境中，'accommodate' 的拼写是否正确？"

- **考虑语言变体**。如果你使用的是某种特定的英语变体（如英式英语、美式英语或澳式英语），请说明，以便进行准确的拼写检查。例如，可以尝试："你能根据英式英语的标准检查这段文本的拼写吗？"

- **请求解释**。如果你想了解修改的原因，可以提出要求。例如，可以尝试："请检查以下文本的拼写，并解释修改的原因。"这是提高拼写和词汇运用能力的绝佳方式。

- **检查一致性**。如果你的文本包含专有名词、技术术语或特定行话，可以要求检查一致性。例如，可以尝试："请确保文本中所有技术术语的拼写一致性。"

- **拼写校对以外**。如果你需要的不仅仅是拼写检查，还需要优化写作风格和语气，请具体说明。例如，可以尝试："请检查这段文本的拼写，并给出如何使语气更正式的建议。"

清晰且准确的提示词能使 AI 提供更准确、更有帮助的拼写检查。

句子结构

人们总喜欢写冗长、复合的句子，这些句子往往难以理解。安东尼的编辑曾告诉他，他总能用 1500 字表达本可用 500 字阐明的内容。从那以后，安东尼一直在努力用更简短、更精练的句子表达自己的想法。

在大多数情况下，长句子是意识流写作方式的产物。当你想到什么就写下什么时，句子往往会变得冗长且绕口。这种风格反映了人类思维的流动方式——并不总是条理清晰、简洁明了。然而，如果文字未经编辑加工就直接呈现，读者将很难跟上作者的思路。也就是说，如果你不花时间来润色文字，优化句子结构，最终呈现的观点往往会显得杂乱无章。

需要注意的是，长句和短句本身并无优劣之分。优秀的文章通常需要在两者之间保持平衡。在调整句子长度时，应根据沟通目的和读者需求灵活处理。过度使用短句会使文章显得零碎或过于简单，而长句泛滥则可能让读者感到不知所云。长短句结合通常是最佳选择，因为它能让文章更具活力和趣味性。关键在于策略性地使用短句，以提高文章质量，更有效地表达你的观点。

请注意，在书面沟通中，尤其是在商务写作中，短句通常比长句更有效。

- 短句通常更直接且更容易理解。每个句子都可以传达一个单一的想法或概念，减少读者的认知负担，使信息更容易被消化。

- 在信息过载的时代，短句有助于保持读者的注意力，使文字看起来不那么令人生畏，鼓励读者继续阅读。

- 短句可加快行文节奏，营造一种紧迫感或兴奋感。同时，通过调整句子的长短，还能增强句子的韵律感，牢牢"抓住"读者的眼球。

- 短句，尤其是在一系列长句之后使用时，会显得很突出，可以用来强调一个观点。短句能有效地影响读者，将读者的注意力吸引到关键信息或观点上。

- 读者不太可能误解短句。

- 短句可以使文本更容易被理解，尤其适合语言水平各异的读者或非母语读者。短句也更契合移动端用户的碎片化阅读习惯。

- 简单、简洁的句子更容易被人们记住。当你用短句传达关键信息时，读者更有可能记住你说的话。

值得欣喜的是，AI 不仅可以帮你精简句子，还能为你的文章带来多样性。而你要做的，只是输入恰当的提示词。

以下 6 个提示词可用于调整句子长度和多样性：

- **缩短句子以提高清晰度并增加多样性**："请检查此文档并缩短任何过长的句子。目标是混合使用短句和长句，以提高内容的清晰度和吸引力。在必要时拆分复杂句子，并改变句子长度以提高可读性。"

- **平衡句子长度**："我希望此文档有平衡的流畅性。在适当的位置将长句拆分为较短的句子。同时，确保混合使用短句和长句，以形成张弛有度的行文韵律。"

- **进行简化以适合更广泛的读者**："此文档需要更易于普通读者理解。请通过缩短长句和分解复杂概念来进行简化。不过，在能增加价值或传达具体细节的地方保留一些较长的句子。"

- **增强可读性和流畅性**："检查此文档的可读性。重点缩短过长且烦琐的句子，但也要保留一些较长的句子以维持文章的自然流动感。目标是使文章易于阅读，同时保持其趣味性和动态性。"

- **进行精简以提高阅读效率**："请编辑此文档使其更简洁高效。缩短冗长的句子并删除不必要的单词。同时确保文章仍包含各种长度的句子，以维持吸引人且专业的风格。"

- **弗林·克林肯伯格风格的提示词**："假设你是《纽约时报》编辑委员会的成员弗林·克林肯伯格，请通过缩短过长的句子来提升这段文本的易读性。"

这些提示词可指导 AI 的编辑过程，以打造句式丰富、长短相宜的文本，从而显著提升内容的清晰度与吸引力。

教会 AI 不要做什么

AI 就像说唱明星弗拉沃尔·弗拉维（著名嘻哈艺人，以佩戴巨型钟表项链为标志）——具备与生俱来的炒作天性，只是少了实体钟表的视觉符号。AI 还像杰布豢养的纯种马，纵使你紧握缰绳，这匹良驹仍有时执意奔向自选的方向，无视你精心设计的提示词。

因此，你必须"驯服"AI，以弱化其"自由发挥"的倾向，或者通过规则（设计相关提示词）来约束它，告诉它哪些事不要做。为 AI 创建一份"禁忌清单"，有助于遏制它脱离提示词、自行其是的行径。例如，可以这样设计提示词："除非存在拼写错误、漏词、语法问题、句法问题或标点符号错误，否则不要重写我的文本。"

以下是 ChatGPT 对话流程的最佳示例：

- 输入"不要做……"的提示词："除非存在拼写错误、漏词、语法问题、句法问题或标点符号错误，否则不要重写我的文本。不要减少字数。当修改单词时，确保其适合十年级的认知水平。请遵守上述规则。"

- 在 AI 确认后，输入"做……"的提示词："请使用主动语态写作，采用第一人称。缩短过长的句子，或者重写包含两个或更多逗号的句子，确保每句至多有一个逗号。根据商业领袖的阅读习惯优化文本。删除任何不必要的单词以精简文本。以表格形式呈现你所做的编辑。请遵守这些规则。"（在禁止 AI 做你不希望它做的事情后，告诉 AI 你希望它做的事情。）

- 在 AI 再次确认后：上传你的文档或粘贴文本。

当你明确告诉 AI 你不希望它做什么以及要避免什么时，它生成的结果会更好。如果因为某些原因，AI 生成的结果不如预期，请在当前对话中要求 AI 停止做你不喜欢的事情。

记住，所有提示词均需要在同一对话中完成。AI 具有对话记忆能力，重启对话将导致前序规则失效。

第 22 章

AI 成为更快的写手，你成为
更优秀的人类

AI 生成内容的速度很快。你只需要输入提示词："写一篇关于[某个主题]的文章。"大约 30 秒后，你就能得到一篇文章。这简直太神奇了！

你或许会暗自庆幸：AI 终于把你从写作负担中解放出来了。但别高兴得太早，请回忆一下第 19 章开篇的案例。没错，AI 写作的速度的确很快，但在大多数时候，它生成的内容平淡、生硬，充斥着容易察觉的、令人尴尬的"机器感"。

说到这里，我们要回到本书的最初论点：唯有让 AI 增强（而非取代）你的人类优势，才能真正获得 AI 优势。AI 的写作速度确实快于人类，但写作质量不一定好过人类。

使用 AI 生成的内容越多，你越会发现其内容重复率高的弊端。这种模式化的内容极易被识破，可能损害你的专业信誉和人际关系。若被客户发现你只是机械地复制 AI 生成的内容，那将是最糟糕的局面。

人类写的文章之所以更出色，正源于我们的不对称性、不完美性和趣味性。既然是人类之间的沟通，就需要对 AI 生成的内容进行编辑，在保证语法正确的同时，注入你的个人风格。这意味着你可能需要替换掉那些你永远不会使用的词汇——除非你在完成英语文学教授布置的作业。（在这种情况下，你不妨让 AI "模仿莎士比亚的文风"来增加趣味性。）

让 AI 的表达更人性化

我们必须承认，这个改进过程需要花费时间，而你此时更关注的是如何提升效率。要加快编辑流程，你可以通过提示词来引导 AI 输出更人性化的内容，包括模仿你的写作风格。使用以下 10 个提示词，可有效消除"机器感"，使 AI 生成的内容更人性化：

1. 变化句子结构，展现不对称性。

2. 将正式用语和口头表达相融合。

3. 避免重复的观点或短语。

4. 融入个人经历或观点。

5. 力求具体翔实，不要泛泛而谈。

6. 在写作时注入情感。

7. 在写作时引入瑕疵，体现不完美性。

8. 使用简单、对话式的句子结构。

9. 避免关键词堆砌，自然地使用术语。

10. 事实陈述与解读性见解并重。

让 AI 的表达更像你

另外，让 AI 模仿你的写作风格，也可以有效加快 AI 的编辑流程。在经过训练后，AI 的行文将更加自然流畅，也更贴近你的表达习惯。

尽管你仍然需要亲自编辑来消除文字的"机器感"，但通过运用本节所述的方法能显著缩短编辑时间。具体步骤如下：

- **步骤 1**。精选五篇你自认为最出色的文章（需要确保他人也认可其质量）。为了获得最佳效果，建议文章的字数为 1000～2000 字。
- **步骤 2**。将五篇文章的文本整合至单个 PDF 文件，然后将 PDF 文件上传至你常用的 AI 平台。
- **步骤 3**。输入提示词："假设你是精通语言学和自然语言处理的专业撰稿人。请分析所提供的文件，提炼作者的写作风格、表达方式、行文语气、结构特征等要素，形成详细的写作风格指南。请以条目的形式输出分析结果。"
- **步骤 4**。审阅 AI 生成的写作风格指南，筛选需要保留和调整的内容。
- **步骤 5**。在后续写作提示词中引用该写作风格指南："请在你的回复中遵循以下写作风格指南，写作风格[你的描述]，表达方式[你的描述]，行文语气[你的描述]，结构特征[你的描述]。"

需要注意的是，AI 虽然可以学习你的写作风格，但它难以通过一次对话就完全遵循写作风格指南中的每个细节。建议持续使用你期望的风格与 AI 对话，及时指出需要调整之处，从而逐步优化 AI 的输出效果。通过这种方法，AI 的表达将更像你，你也能节省更多时间来更好地专注销售业务。

作者注释

　　AI 生成的内容不归你所有。根据现行规定，只有人类才能享有原创作品的著作权。由于 AI 并非人类，因此使用 AI 生成的内容不属于你。虽然我们可以通过 AI 辅助撰写本书，但我们坚持亲自执笔、用心创作，出版社也将确保本书获得版权。这是理所当然的！

　　如果你撰写的内容无关紧要，即便被人窃取或挪作他用也无伤大雅，那自然无须担忧版权问题。但是，如果你使用 AI 来生成一些涉及商业机密的内容（你肯定不希望落入竞争对手之手），那么你应当仅与你的客户或销售团队分享。

第 5 部分

开发潜在客户

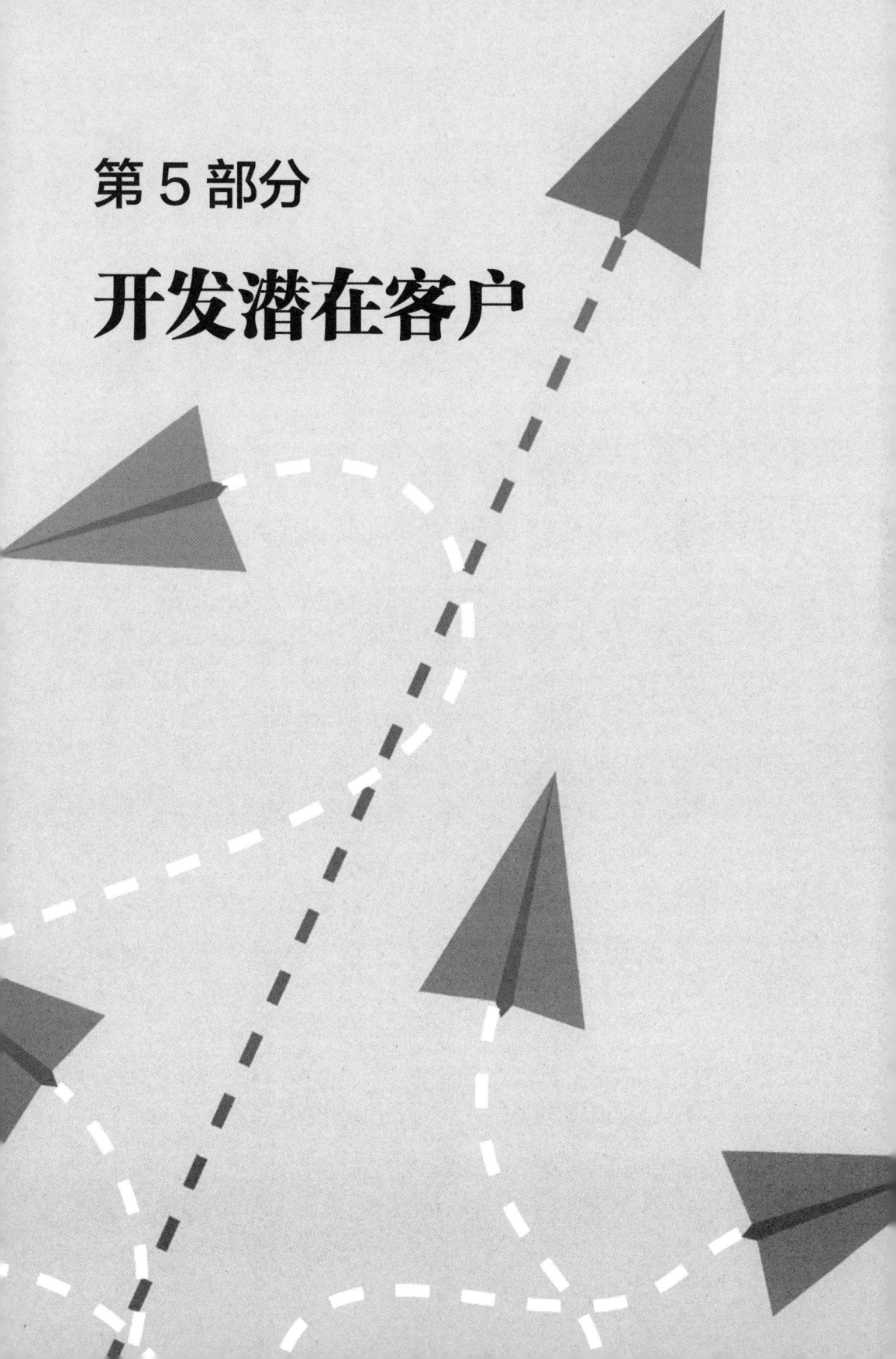

AI 对潜在客户了解得越多，它生成的内容就越有效，也越有可能助你实现目标。

——威尔·弗拉蒂尼，ZoomInfo

第 23 章

异步销售人员

我正在指导一位公司的内部销售人员（他表现不佳已经有一段时间了）。去年，在一个 30 人的内部销售团队中，他曾是顶尖销售人员，还入选了总裁俱乐部。然而，近期他的业绩下滑了，而且一直未见起色。

我们面对面坐在一张大会议桌的一角。我不断提问，试图了解他近几个月绩效下滑的原因——尽管数据确凿，但他否认存在问题。这是绩效不佳者常见的错觉。

我让他详述日常工作流程，以及开发潜在客户的方式。当他告诉我，他的开发方式就是每天通过销售互动平台向潜在客户发送数百封由 AI 生成的电子邮件时，我感到难以置信，默默地靠在椅背上。

我的脸上显然流露出"天哪，这话你也说得出口"的神情，他见状，立刻为自己的这种做法辩解。"这招很有效，"他说，同时几乎无法掩饰语气中的防备之意，"确实有客户回复电子邮件，咨询更多信息！"

我听他车轱辘话来回说了几分钟，看他如何为自己不与客户直接交谈找理由。然后，我打断了他："埃里克，事情是这样的。如果你认为发电子邮件就是吸引买家、达成交易的最佳方式，那么我们根本不需要你。让机器人来做这份工作成本要低得多。"

他顿时如遭棒喝，活像一只因在地板上撒尿而被报纸卷教训的小狗。我能看出他正绞尽脑汁组织反驳的话语。"你这么说，我真的很生气！"他终于反击道。

我反唇相讥："巧了，我也很生气，你拿着 75 000 美元的年薪，干的却是月薪 19 美元的 AI 都能胜任的活儿。"

当我成功帮他认清现实后，他总算重回正轨。但他差点因此被解雇，因为他忘记了自己的工作本应是发挥人类优势，与人交谈。

虚假承诺、谎言和无稽之谈

销售人员向来对开发潜在客户这项工作避之不及。正因如此，各类夸大宣传才铺天盖地而来，纷纷承诺 AI 技术将彻底解决这一难题。一些 AI 公司声称，其新技术将引领销售行业进入一个只有收益没有痛苦的理想国。

- **承诺**：AI 可模仿你的声音并为潜在客户发送定制化的语音信息。你只需要输入信息，AI 就会完成所有工作。不费吹灰之力就能给潜在客户留下数百条语音信息。（这种尝试注定惨淡收场。）

- **承诺**：AI 工具可创建你的数字人，能一键生成个性化的视频内容。（很酷，但非常诡异，也注定会失败。）

- **承诺**：AI 将接管外呼业务，它能模仿你的声音，主动联系潜在客户。（考虑到人们很讨厌与客服机器人交谈，这种尝试很可能以糟糕的结果告终。）

- **承诺**：AI 可精准锁定潜在客户，为其自动编写并群发个性化的开发邮件和社交媒体私信。这一过程几乎不需要人工干预，就能为你的销售漏斗输送优质的商机。（现实早已给出残酷答案。）

那些高科技企业家知道销售人员不喜欢开发潜在客户，而且领导者也往往缺乏领导、管理和指导潜在客户开发活动的勇气和专业知识。他们利用你对"捷径"的渴望，承诺新的应用程序将使开发潜在客户变得毫不费力。

这些"江湖骗子"宣称，他们的 AI 可以自动拨打推销电话，为你的销售漏斗不断输送优质的商机。他们甚至承诺："我们的 AI 工具将承担所有繁重工作，这样，你的销售人员就再也不必给陌生人拨打电话了。"然而，这不过是无稽之谈——彻头彻尾的谎言。

这就是我们这个时代的骗人把戏。众多 AI 公司和高科技企业会不断抛出类似的承诺，声称 AI 可以让开发潜在客户变得简单易行、轻松愉快。而你往往会信以为真，因为"简单易行"向来是最具说服力的营销手段，尤其针对像开发潜在客户这种人们不喜欢做的苦差事。

正视现实

AI 是强大的工具，它确实能帮你更高效地开发潜在客户，但它不能代替你与客户主动接触、与人沟通。AI 不是简单的快捷键，也不是灵丹妙药，更不是人类沟通的替代品。

现实情况是：当你让 AI 完全取代你的工作时，情况可能变得更糟，而不是更好。的确，AI 可以写电子邮件，发私信，留语音信息，并创建视频。但是，人们会凭直觉知道这些信息是由 AI 生成的。

正如第 19 章所讨论的那样，当人们发现他们是在与机器人而不是真人（你）打交道时，他们会感到厌烦。这会破坏信任。他们会忽略、删除并拉黑你。人们不喜欢被操纵的感觉，也不喜欢与冷冰冰的机器人交谈。当你明显没有为争取客户花心思时，你在客户心中的形象会大打折扣。

更糟糕的是，当成千上万的销售组织和数百万销售人员采用这种方法时，每位销售人员的（异步）开发信息都变得可疑。这正是谷歌公司调整邮件评分机制的原因：新的算法将惩罚那些滥用 AI、不加选择地群发垃圾邮件的发件人。

当你（或你的公司）注册那些看似完美的 AI 解决方案时，你实际上正在拿你的品牌和个人声誉冒险。更严重的是，你的网站域名可能因此被永久封禁。与其把钱浪费在这种华而不实的方案上，不如直接拿去烧了来得痛快。

开发潜在客户没有捷径

让我们面对现实吧。销售失败的首要原因是销售漏斗中的商机不足，而销售漏斗不足的根本原因是销售人员未能持续开发新的潜在客户。这个道理，你和全球绝大多数销售人员都心知肚明。

你知道：

- 需要自律、执着和狂热。
- 需要主动与人交谈。
- 需要将开发潜在客户的活动视为每日销售工作的优先任务。
- 正如杰布所说：“销售漏斗就是生命线。”

但你没有做到，你总是三天打鱼两天晒网，不能持之以恒。当销售漏斗中的商机不足，并且你处于压力之下时，你才会拼命开发潜在客户，而一旦完成了几单销售，你又会松懈下来，变得自满。

由于开发潜在客户的工作进行得不持续，你的收入也起伏不定，终日焦虑不安。这时，你就很容易轻信那些“一键搞定”的无稽之谈。

在销售行业，没有什么比开发潜在客户更重要。这也是成功的关键所在。

你接触的人越多，销售漏斗中的商机就越多，成交就越多，收入自然水涨船高。

如果你想在销售行业取得成功，你必须成为执着、狂热、不知疲倦的潜在客户开发"狂人"，痴迷于让优质潜在客户源源不断地注入销售漏斗。开发潜在客户，就应该像呼吸一样成为你的本能。

不论白天黑夜，无论何时何地，都要有开发潜在客户的意识。在排队买咖啡时、在电梯里、在飞机上、在火车上——抓住任何机会与陌生人交谈。随身携带充足的名片，主动询问对方的工作单位、职位以及公司决策者的信息。

早上一起床就打电话。白天拜访客户，参加社交活动，拓展人脉。晚上则要经营个人品牌，并在社交媒体上与潜在客户互动。在结束一天的工作前，别忘了再多打几个电话。永远不要幻想有什么 AI 工具能简单地替你完成这些工作！

第 24 章

同步与异步

要在现代销售中取得成功，你必须擅长通过复杂且相互关联的沟通渠道（同步和异步）网络来开发潜在客户和进行沟通，而且往往需要同时运用同步和异步渠道。"相互关联"是核心要义。没有一种放之四海而皆准的最佳方法，沟通渠道不是孤立存在的。

在开发潜在客户时，有两种主要的沟通渠道，你需要掌握它们并将其融合（相互关联），才能见效：

1. 同步沟通（实时交谈）。主要通过电话和面对面进行交谈，辅以短信和私信。这种沟通渠道具有动态性，需要双方同时有空并参与交谈。

2. 异步沟通（非实时交谈）。主要通过电子邮件、语音留言、视频信息和私信进行沟通。这种沟通渠道不受时间限制，不需要双方同时参与。

势不可挡——同步开发潜在客户

开发潜在客户是一门"打断的艺术"——以同步沟通为主，异步沟通为辅。这要求你的行动是直接的且有策略的。既要为销售漏斗注入新的商机，也要为未来储备潜在客户。

在当今的数字世界，要避免与人交谈很容易。也很容易误以为客户也同样不愿与人交谈。

同步开发潜在客户（与人交谈）充满挑战，你必须集中注意力，积极倾听，并灵活调整你的沟通方式。你必须以沟通对象为中心。这往往意味着，你要直面被拒绝的风险。

大多数销售人员应该每天留出时间（最好是在早上）进行同步开发潜在客户，因为这是为销售漏斗增加新商机的最直接且最有效的途径。要想做到这一点，你需要：

- 目标客户列表。
- 有效的销售话术，以吸引客户的注意力并促使他们参与。
- 多种沟通渠道组合（电话、面对面、电子邮件、私信、短信、视频、社交媒体、纸质邮件等）。
- 应对异议的标准话术。
- 精心设计的多渠道潜在客户开发流程。

要在销售中取得巨大成功，你需要成为"打断者"，而不是"被打断者"。当然，当你打断别人时，他们会反击，这就是同步开发潜在客户充满挑战的原因。

这也解释了为什么成千上万的销售人员误以为使用 AI 工具毫不费力地发送数千封"个性化"电子邮件就足够了。（其实不然。）

这种错误认知导致很多销售部门的办公室一片死寂，也使很多销售团队和组织的业绩远远落后于预期和业务计划。这是交易与参与的区别。这也是为什么越来越多的买家渴望真实的人与人之间的互动。

众多新兴高科技公司不断涌现出来，它们声称可以用 AI 软件取代销售团队——这在一定程度上是正确的。如果你的工作仅限于发送电子邮件，你确实可以被 AI 取代。AI 在复杂的实时交谈方面并不擅长，但在向潜在客户群发俗套、生硬的"个性化"电子邮件方面得心应手。

疫情给我们的最重要启示之一就是，真实的人与人之间的联系至关重要。而这种联系是 AI 生成的电子邮件所无法提供的。

销售越复杂、销售周期越长、金额越高、利益相关者面临的风险越大、购买决策中涉及的情感因素越多，公司就越需要聪明、有创造力、有洞察力、有影响力和有说服力的销售人员来提高组织的赢单概率。也就是说，公司就越需要你与人交谈。

与人交谈

持续取得销售成功有一个基本法则：交谈的人越多，销售的量就越大。作为销售人员，我们的核心价值正是通过与人交谈实现的——道理就是如此简单。同步开发潜在客户是体现你专业能力的试金石。

毫无疑问，异步沟通渠道在开发潜在客户过程中同样重要。当无法实时与潜在客户联系时，异步沟通渠道能帮助销售人员与潜在客户保持沟通。

问题是，大多数异步开发潜在客户的方式（如 AI 自动生成的大量电子邮件、语音邮件、视频和私信），由于相应的反垃圾邮件技术，最终将失效。因为没有人会信任它。不过，这反而促进了通过电话和面对面来开发潜在客户的大规模复兴。

尽管高科技公司做出了种种承诺，但残酷的现实是，AI 无法替代你与人交谈——无论你多么希望如此。AI 不能也不应该假装成人类。以人性化的方式与潜在客户建立联系是你的专属优势，这是 AI 永远无法企及的领域。

第 25 章

开发潜在客户的强大伙伴

既然我们已经打破了"AI 无所不能"的幻想，说明了尽管有各种承诺，你仍然需要与人交谈，那么让我们来谈谈好消息。

AI 是一个开发潜在客户的强大伙伴，结合你的人类智慧，将帮助你向销售漏斗中持续输送商机。AI 最擅长的是帮你锁定应该交谈的对象，并为你提供研究资料、背景摘要及档案、对话中要提的问题和意向数据。所有这些都能帮助你在更有意义的对话中与合适的人建立联系。以下是 AI 可以为你做的其他事情：

- 自动化处理重复性任务。
- 安排日程和提醒。
- 为面对面的潜在客户开发进行规划。
- 数据挖掘和意向收集。
- 生成有针对性的潜在客户列表。
- 提高调研效率和效果。
- 优化沟通话术。

- 为长期的潜在客户开发活动准备素材。
- 管理潜在客户的开发流程。

毫无疑问，AI 能为你腾出更多时间来开发更多的潜在客户。在完全融入你的潜在客户开发流程后，AI 将在恰当的时间，向合适的潜在客户传递合适的信息，帮助你在市场中争取优质的潜在客户并与之建立联系，从而获得决定性的竞争优势。

了解开发潜在客户的 AI 工具

在前几章节中，我们分享了如何结合人类优势和 AI 优势设计提示词的技巧。在开发潜在客户方面，提示词确实能帮助你优化信息的收集和研究。值得注意的是，很多可用于开发潜在客户的 AI 工具已集成至 CRM、销售互动平台，以及领英等社交媒体平台。

因此，现在就开始熟悉这些 AI 工具并多加练习至关重要。你需要了解 AI 工具的局限性，明确 AI 工具能在哪些方面提供帮助或造成干扰，以及如何调整 AI 工具以适应你的潜在客户开发流程。

这些 AI 工具都将持续迭代和更新。一旦上线新功能，务必立即上手并掌握它。学习如何在你的核心销售平台中向 AI 输入提示词并对其进行引导。不断尝试和使用 AI，直到你能熟练掌握如何借助 AI 来提升、增强和加速开发潜在客户的流程。

第 26 章

开发潜在客户流程

当潜在客户不认识你时，要争取他们就会困难得多。尤其在 AI 生成的获客信息泛滥的当下，这一挑战变得更加严峻。

正如那句老话所说："注意力即财富。"在这个注意力缺失的时代，成功吸引客户的注意力就如同淘得真金。对于销售人员来说，这一点再正确不过了。

这就是开发潜在客户流程（以下简称开发流程）发挥作用的地方。开发流程通过系统化和组织化的方式，使你在吸引潜在客户有限的注意力时，比竞争对手更具优势。

开发流程包括一系列有计划的潜在客户触达行为，通过交叉利用多种沟通渠道，来提高促使潜在客户参与互动的概率。有时，尽管你的第一条开发信息可能没有达到预期效果，但开发流程的优势在于，允许你通过多次迭代来优化沟通信息，以找到打动客户的切入点，最终促成会面。

开发流程通过一系列相互关联的信息来吸引客户的注意力，随着时间的推移，逐渐积累熟悉度。熟悉度会带来好感。潜在客户听到和看到你的名字、公司名字以及相关信息的次数越多，他们就对你越熟悉，你就越有可能吸引他们

125

的注意力并促使他们参与互动。

管理开发流程的复杂性

有效运作开发流程是一项复杂工程，其中涉及许多动态环节。这正是 AI 的用武之地，因为 AI 比人类更擅长管理复杂性。

可以把开发流程想象成一场精心编排的芭蕾舞，每次潜在客户触达都是一个舞步，旨在争取潜在客户、教育潜在客户、积累潜在客户对你的熟悉度，并最终将潜在客户转化为客户。这就是 AI 介入的时机，AI 将充当幕后的编舞者，确保每个动作都完美执行，同时管理 CRM 的更新、任务提醒、日程和行政事务。

管理一系列潜在客户触达流程往往伴随着繁重的行政负担。AI 可通过自动处理后续跟进安排、CRM 记录更新等常规工作来简化这一流程。这让销售人员得以专注于他们最擅长的事情：与潜在客户进行实时交谈。

有效开发潜在客户的 7 个要素

正如杰布在 2022 年出版的《危机销售》所述，开发流程包含七个要素：

1. 目标客户列表。

2. 信息传递。

3. 沟通渠道。

4. 沟通节奏。

5. 触达次数。

6. 持续时间。

7. 间隔时间。

开发流程的公式很简单：

$$转化=（目标客户列表+沟通渠道+持续时间）\times信息传递$$

构建和运行有效的开发流程可能是一项艰巨的任务。这非常复杂，而且很难判断你正在运行的开发流程是否匹配你的目标客户列表。

值得庆幸的是，无论是从整体还是细节来看，集成至 CRM 和销售互动平台的 AI 工具都能让你更轻松地构建和运行有效的开发流程。

有效管理开发流程需要深入了解目标客户列表、沟通时机、渠道技术和信息的相关性。AI 可以优化你的开发流程，使其更具战略性、个性化和适应性。

在审视每个要素时，请花点时间梳理一下你现在可用的 AI 工具，包括集成至核心销售平台的 AI 工具，以及独立于这些平台的 AI 工具，你可以利用这些 AI 工具来赋能潜在客户的开发工作。在本章末尾，我们提供了一个练习，可帮助你盘点这些 AI 工具，并思考如何利用它们来执行更有效的开发流程。

目标客户列表和信息传递

有效的开发流程始于也终于目标客户列表。要锁定你的理想客户画像（Ideal Customer Profile，ICP）、行业垂直领域、地理区域或决策角色。你的目标客户列表越优质、越精准，潜在客户的开发结果就越好。

| 信息传递

信息传递至关重要，它是开发流程的公式中最重要的部分，也是最具挑战性和最耗时的步骤。信息传递设计的考虑不周，以及过度依赖 AI 处理而缺乏人工优化，是大多数开发流程失败的原因。

在目标客户列表和信息传递方面，AI 可以为你提供有效的助力。我们将在后续章节更深入地探讨这些要素。

沟通渠道

与单一沟通渠道相比，采用多个沟通渠道能够有效提高与潜在客户建立联系的概率，因为它能更好地适配客户所在的场景及其偏好的沟通方式。因此，针对不同的目标客户群体和开发流程选择合适的沟通渠道组合尤为关键。

常见的渠道包括：

- 电话。
- 面对面拜访。
- 电子邮件。
- 语音留言。
- 即时信息。
- 视频信息。
- 短信。
- 社交媒体。
- 纸质信函。

如果你更习惯使用某一特定渠道（尤其是异步沟通渠道），请强迫自己走出舒适区。唯有通过多个沟通渠道的相互配合，才能有效提高潜在客户的参与概率。

如果你的 CRM 没有内置开发流程管理功能，我们强烈建议你配置专业的开发流程管理/销售互动平台，如 Salesloft、Apollo、Gong、Outreach 或 VanillaSoft，以在管理跨渠道开发流程时获得最佳效果。随着 AI 的不断发展，这些工具将变得更加强大。

当前的开发流程管理和销售互动平台存在严重的异化现象。这些平台本应帮助销售人员在其开发流程中实现多渠道的沟通方式，但实际上，它们被很多销售人员滥用，变成了昂贵的电子邮件群发工具（其核心价值已沦为帮助销售人员避免与人沟通）。

需要明确的是，自动发送电子邮件绝对不应成为开发流程管理平台的主要目的。虽然自动发送电子邮件仍是开发流程的组成部分，但它不应该是主角。

相反，开发流程管理应通过相互关联的信息引导销售人员在多个沟通渠道上实现多次客户触达，并强调电话和面对面拜访等同步沟通渠道的重要作用，从而与潜在客户进行真正有价值的沟通。

沟通节奏和触达次数

沟通节奏是指在开发流程中按沟通渠道划分的潜在客户触达顺序。例如：电话>语音留言>电子邮件>社交媒体（如领英）>视频信息>纸质信函>即时信息（可按此顺序）。

开发流程的最终目标是促成与潜在客户的对话。

销售人员常犯的一个重大错误是，以异步沟通渠道（如电子邮件）而非同步沟通渠道（如电话）开启开发流程——而后者才是真正实现与潜在客户对话的最有效途径。

当前，普遍存在沟通节奏本末倒置的现象，即很多异步沟通渠道被置于开发流程的前端，一些销售人员还美其名曰："这是在进行客户预热。"这种"策略"是错误的。沟通节奏的重点应是，在开发流程中尽量提高早期与潜在客户展开有效对话的概率。

如果将同步沟通渠道置于开发流程的前端，你不仅能在更短的时间内争取更多的潜在客户，而且还能获得更好的结果。更理想的情况是，如果与潜在客户的首次触达就通过电话或面对面得以实现，那么你根本不需要由 AI 执行的复杂多轮触达（如 18 次触达的标准开发流程）。你只需要拨打电话、上门拜访、展开对话，然后继续推进。

触达次数

在确定开发流程中的沟通渠道及其执行顺序后，需要重点设置各渠道的触达次数。

触达次数的设置应确保既能提高争取潜在客户的成功率，又能避免引起潜在客户的反感，或者损害品牌的声誉。

例如：

- "5-4-3-2-1"。电话 5 次、电子邮件 4 次、社交媒体 3 次、面对面拜访 2 次、视频信息 1 次。
- "4-3-2-1"。电话 4 次、电子邮件 3 次、社交媒体 2 次、视频信息 1 次。
- "3-3-3-1"。电话 3 次、电子邮件 3 次、社交媒体 3 次、纸质信函 1 次。

排列方式、持续时间和触达次数的组合没有固定的模式（见图 26-1），不存在适用于所有潜在客户的解决方案。因此，你需要不断进行 A/B 测试，直至找到适合目标客户列表的最佳组合。这正是 AI 可以发挥作用的地方，它能分析哪些方案有效，并帮助你优化开发流程。

持续时间和间隔时间

持续时间是指触达流程运行的时间长度，如 10 天、15 天、30 天、60 天、90 天等。

在规划持续时间时，要考虑客户购买窗口的时间节点、目标客户列表的规模和触达流程的目标。通常，针对大客户（其利益相关者较难争取）的触达流程，其持续时间比针对小客户（销售周期相对较短）的触达流程更长。

1	2	3	4	5
电话 1 次	面对面拜访 1 次	纸质信函 1 次	电话 2 次	社交媒体 2 次
电子邮件 1 次	视频信息 1 次		电子邮件 2 次	
社交媒体 1 次				

6	7	8	9	10
电话 3 次	面对面拜访 2 次	电话 4 次	电话 5 次	面对面拜访 3 次
电子邮件 3 次	视频信息 2 次	电子邮件 4 次	社交媒体 3 次	

图 26-1　排列方式、持续时间和触达次数的组合模式示例

应对沟通节奏中潜在客户触达之间的间隔时间进行优化，如每天、每隔一天、每周一次、在每周的特定几天等。对于每个潜在客户的开发渠道，你需要测试一周中的哪几天和一天中的哪个时间段，对目标客户的转化效果最好。例如，你可能发现上午最适合电话触达，而午餐时间段最适合社交媒体触达。

关于潜在客户触达的最佳日期和时间段有数十项研究。但总的来说，这些研究的结论往往相互矛盾。最务实的做法是，持续尝试不同的触达间隔时间，并利用 AI 来分析在你所处的行业中哪些间隔时间最合适。

AI 驱动的开发流程设计

设计有效的多触达流程既是一门艺术，也是一门科学。这项工作可能很复

杂。你需要同时利用数据和人类直觉才能做好。到目前为止，唯一的方法是通过手动 A/B 测试。但是，由于测试过程耗时费力，大多数销售人员从未进行过。

AI 正在改变开发流程的设计方式，因为它可以快速分析和处理历史数据，识别引发成功转化的模式，其速度远超人类。AI 可以建议最佳的触达次数、最佳的渠道组合，以及每次交互之间理想的沟通节奏、持续时间和间隔时间。

当然，AI 也可能出错，因此你需要运用人类智慧和直觉来检查 AI 生成的开发流程，并对其进行优化。需要注意的是，这种数据驱动的方法只有在有高质量数据的情况下才有效。这意味着只有在不同迭代中运行大量的实验流程，AI 才能发挥最大价值。

了解多触达流程的有效性对于持续改进至关重要。AI 可提供深入的见解和分析，跟踪打开率、回复率和转化率等指标。这些指标非常有用，不仅有助于优化开发流程，还能确保开发流程的运行效果得到持续提升。

练习 26-1：将 AI 用于开发流程

请评估现有销售技术生态中的所有 AI 工具、功能和插件，以及销售技术生态以外的工具，并思考如何应用这些工具来优化开发流程。

AI 工具、功能和插件	你如何/为什么/何时使用 AI 来设计和管理开发流程

第 27 章

目标客户列表

事实上，目标客户列表的质量越高，潜在客户的开发成果就越好。因此，有效的潜在客户开发流程始于目标客户列表，也终于目标客户列表。

在美国，销售作为一个职业已有近 130 年历史。在整个时期内，每代销售人员都被同一个问题困扰：谁才是我的目标客户？如今，我们在创建优质目标客户列表（或潜在客户列表）方面仍然表现糟糕。正因如此，销售领域最有前景的 AI 转型将是创建更优质、更精准的目标客户列表。

未来的目标客户列表：正确的潜在客户+正确的时间

想象一下，如果在你开始销售工作时，公司的 AI 助手能给你一份目标客户列表，提供处于购买窗口期的合格潜在客户，这将对你的工作带来怎样的改变？毫无疑问，这将带来革命性的变化，因为，在突然之间，你的精力、触达和对话将完全聚焦于正在做出采购决策的潜在客户上。

终有一天，AI 将能够分析你现有的客户群，以确定你的理想客户画像

（ICP）。然后，通过分析一系列不同的信息，包括意向数据、CRM、社交媒体、网站访客及预期的购买窗口和行为，AI 将快速生成最有可能争取、进入销售漏斗并实现购买的潜在客户列表。

遗憾的是，这个"终极解决方案"目前还尚不存在。因为这个 AI 应用程序极其复杂，并且需要为每家公司量身定制，短期内难以实现。值得期待的是，现有 AI 已能显著提升目标客户列表的质量，为销售团队提供有力支持。

定义理想客户画像

尤吉·贝拉曾打趣道："如果你不知道要去哪里，你可能到达别的地方。"这句话在客户筛选时尤为适用。如果你不知道合格客户的标准，最终只能徒劳祈祷，而"销售之神"也只会用"不"来回应你的祈祷。

因此，定义 ICP 是提升筛选效率的首要步骤。完整的 ICP 应包含以下多维度的筛选标准：

- 公司规模。
- 预计支出。
- 行业垂直领域。
- 增长轨迹。
- 财务和信用状况。
- 员工数量、地点、客户、实物资产。
- 资本支出预算。
- 你的产品、软件、解决方案的用例。
- 利益相关者的层级。
- 竞争对手的稳固程度。

- 购买动机、购买意向和触发事件。

- 问题。

- 与你公司的契合度。

……

对人类来说，分析所有这些标准并不容易。但对 AI 来说，这易如反掌。AI 可以快速分析你的数据库，找出优质客户中的模式和共性，根据过去的销售数据来揭示最有可能参与决策的利益相关者，分析你正在促成的交易，并更深入地了解打开那些购买窗口的触发事件。

AI 还可以根据 ICP 数据对 CRM 中的潜在客户进行细分，确保你专注于最具潜力的商机，并使你能够为特定细分群体定制开发流程，设计相关的沟通话术。

虽然这种级别的分析和数据处理更可能在公司层面由营销团队而非单个销售人员执行，但其成果确实可以帮助销售人员锁定正确的潜在客户。

购买意向

提升销量的最简单方法是，将 100% 的时间用在与处于购买窗口期且已做好购买准备的潜在客户交谈上。通过对潜在客户的意向数据进行分析评分，AI 已使这一方法成为可能。

在 21 世纪，无论我们走到哪里、做了什么，例如，我们在网上搜索的内容、访问的网站、下载的资料、观看的视频、阅读的文章、购买的商品、打开的电子邮件和社交媒体上的互动等，都会留下痕迹（行为信号）。有关潜在客户的数据部分来自他们与你（或公司的其他人）在网上的互动，部分从外部来源、第三方数据提供商、宏观市场和行业趋势中收集而来。

当这些行为信号与其他数据一同被分析时，便能精准锁定购买意向（包括产品、软件或服务）强烈的买家。通过利用意向数据，你可以对潜在客户进行优先级排序，并在合适的时间用恰当的信息与潜在客户互动，从而提高潜在客户的转化率并最终提高成交率。

如果你已使用了这类数据工具，你很可能已经接触过意向数据及其评分系统，或者你的 CRM 中已经添加了相关功能。目前，AI 已经在处理来自第一方和第三方的大量意向数据，以帮助销售人员识别最有可能购买的潜在客户。像 ZoomInfo 这样的数据提供商正致力于训练其 AI 并完善购买意向模型，其精准度将不断提升。

这种及时的洞察力确保你在潜在客户最容易接受信息时与其联系，但前提是你要理解并使用意向数据。尽管 AI 改变销售领域的一些设想目前仍遥不可及，但意向数据的应用已实现商用。虽然现有技术远未完善，但趁其尚处发展初期，正是熟悉意向数据并学习如何运用它的最佳时机。

通过预测性线索评分，对潜在客户进行优先级排序

我们已经明确，销售人员通常不喜欢对外开发潜在客户。大多数销售人员更希望有源源不断的潜在客户主动找上门来（内联线索）。尽管几乎没有任何组织能让其销售团队完全依靠内联线索开展业务，但大多数营销团队的目标仍是尽可能多地提供内联线索。

但这里存在一个主要问题。尽管这些大量的内联线索本应比陌生拜访更优质，但大多数内联线索的质量往往与最冷冰冰的陌生推销电话无异。当你抱怨这些内联线索时，会打击营销团队的积极性，因为他们认为每个线索都值得跟进。这当然会引发营销人员与销售人员之间由来已久的争论，销售人员

会指责"线索的质量太差",而营销人员则反唇相讥"是你们的能力不行"。

AI 的预测性线索评分功能可以根据线索的转化率对潜在客户进行优先级排序,使销售人员能够将精力集中在最有可能带来回报的线索上。如此,精心设计的多触达流程不仅能够精准执行,还能直指成功率最高的潜在客户。

依托意向数据和 AI 分析,我们终将平息上述争论,不再囿于标准的营销合格线索(Marketing-Qualified Lead,MQL)和销售合格线索(Sales-Qualified Lead,SQL)划分,迈向一个根据购买意向对内联线索进行评分、细分和优先级排序的新时代。

多线程开发

设想你步入一场派对。你不会仅与邂逅的第一个人寒暄几句便打道回府,而是会穿梭于宾客之间,与众人攀谈,分享趣闻并建立联系。

这正是多线程开发的生动写照。其核心在于,不把所有鸡蛋都放在一个篮子里,或者用销售术语来说,不依赖于目标客户中的单一联系人。这意味着,你要与多位利益相关者进行交流,进而深入、广泛、全面地了解一个客户。

在复杂的 B2B 销售中,决策不是孤立做出的。你需要突破传统的"决策者"范畴,建立一个由利益相关者组成的联盟来帮助你促成业务合作。

因此,你必须积极地识别并接洽每位与交易结果有"利益关系"的人员,在客户组织内实现跨部门、跨层级的全方位触达。请记住,你不应放过任何触达的机会。

通过争取多位利益相关者,你能显著提高交易成功的概率。但问题是:利益相关者是谁?你要联系谁?谁与交易结果有利益关系?除了那些传统的决策者,还有谁对交易感兴趣?

此时，意向数据尤为重要。AI 能够分析不同的行为信号，并将这些信号对应至组织内的各位利益相关者，从而提升多线程开发的效能。当 ZoomInfo、Cognism、Apollo、Seamless 和 LeadIQ 等数据平台与 CRM 实现集成时，AI 分析的优势将尤为凸显。基于这些信息，你就可以快速为各位利益相关者定制个性化的沟通方案，以吸引他们的注意力。

归根结底，销售是关于人的业务，它关乎联系、关系和理解。再多的技术也无法取代你通过真实的人际互动建立的真诚关系。在你规划多线程开发网络时，永远不要忽视每个网络节点所代表的有血有肉的人。

第 28 章

信息至关重要

在开发潜在客户的过程中，最困难的部分是精心设计有效的信息。值得庆幸的是，AI+人类情商能够让这项工作变得更轻松，并且能更快地生成信息。

仅靠 AI，加上你输入的一些提示词，它完全有能力撰写开发信息。但正如第 19 章所述，AI 生成的内容会有明显的"机器感"。当人们知道你的信息是由 AI 撰写的，信息的效果就会大打折扣。

此外，AI 生成的内容往往缺乏情感和人性化的真实感，读起来很生硬，像营销手册一样。这样的内容既无法引起潜在客户的共鸣，也无法吸引潜在客户的注意力。为了更好地进行说明，请看下面的示例。

你：

我销售财会软件，我需要编写开发潜在客户的"原因陈述"，以促使中小型人才中介公司的老板与我见面。你明白吗？

ChatGPT：

是的，我明白。你正在寻找一个有说服力的"原因陈述"，来说服中小型人才中介公司的老板与你见面，以介绍你的财会软件。这个陈述应该突出你的软件与其业务需求特别相关的关键优势或价值主张。让我们来构思一个陈述，强调你的软件如何解决人才中介行业常见的痛点。例如，简化财务操作、改善现金流管理或增强报告功能。

以下是"原因陈述"的草稿，供你参考：

与我们会面，了解我们的财会软件如何改变你的人才中介公司的财务管理，因为它旨在简化你的工资处理流程、优化现金流并提供实时财务报告，使你能够做出明智的决策并专注于发展业务。

你可以根据软件的具体功能、优势或目标受众的独特需求来调整这个陈述。

在借助 AI 来撰写开发信息时，你必须非常谨慎并要有意识地进行把控。AI 可以提高效率，但要创作出真正打动人心的信息，还需要发挥人类的优势和同理心。

在本章中，我们将探讨两种类型的开发信息：个性化信息和定向信息。

- **个性化信息。** 个性化信息是经过深入研究的信息，用于高风险的场景，专为某个人量身定制。

- **定向信息。** 定向信息适用于需要快速应对的高速场景，要在短时间内触达大量潜在客户，因为时间受限而无法为每个潜在客户单独定制个性化信息。

个性化信息

当风险很高，你需要引起高层决策者的关注时，个性化信息是最佳选择。在某些情况下，你可能只有一次机会与 C 级高管接触，所以你需要切中要害，并给出一个令人信服的理由让对方同意给你时间。要成功破冰，你必须清楚地表明你已经做了功课，并花时间了解了潜在客户的独特情况。

撰写个性化信息很耗时，需要充分调研和精心打磨，才能把个性化信息写好。因此，寻求 AI 的帮助确有其价值。

尽管 AI 可以帮助你进行调研甚至提供见解，但要注意的是，由 AI 大规模生成的个性化信息存在重大缺陷。

- AI 有时会出错，可能导致令人尴尬的、有损信誉的错误。
- AI 所做的个性化处理往往基于从互联网和社交媒体平台上抓取的表面信息。
- AI 喜欢把一些个人琐事与无关的、有时令人尴尬的奉承结合起来，例如，"我对你在 XYZ 公司所做的工作深感钦佩"。高管们很容易看穿这一点，并且知道你没有真正付出努力。

有效的个性化信息应该建立你的信誉和权威，而不是损害它们。当然，在你撰写个性化信息时，AI 可以加快调研和收集信息的过程。但在这个环节，作为人类，你必须用心和智慧来撰写完美的个性化信息。

"让我知道你了解我"

要撰写能够减少抵触情绪，并将潜在客户开发电话转化为会面的个性化信息，真正的秘诀在于牢记一个简单却有力的前提：人们先基于情感做决定，然后用逻辑来合理化。换句话说，人们先感受，后思考。

这就是为什么 AI 通常撰写的开发信息不起作用。AI 的话术依赖于理性论证，关注产品特性而忽视情感因素。当信息中流露出容易被察觉的"机器感"时，尤其令人反感。

潜在客户厌恶这类信息。相反，他们真正期待的是，感觉到你能理解他们的问题（既包括情感层面也包括逻辑层面），或者你至少展现出这种诚意。在他们同意抽出时间与你会面前，他们需要感受到人与人之间的联系。从他们的角度来看，就是"让我知道你了解我"！每个人都渴望被理解。个性化信息应该在潜在客户所面临的问题（潜在客户的诉求）与你可能提供的帮助之间架起一座桥梁。

理解潜在客户的诉求需要进行调研、阅读，并从其行业的其他人那里获取见解。你需要投入大量精力来了解他们正在处理的问题，以及你的产品、服务或软件如何能帮助他们。具体工作包括：

- 这需要你检查他们的社交媒体资料，了解他们发布、点赞和分享的内容。
- 收听播客采访。
- 阅读有关他们的新闻和公关文章。
- 阅读他们撰写的文章。
- 观看他们参与或制作的视频。
- 在 CRM 中研究他们与你公司的过往互动。
- 核实他们的职位。
- 设置谷歌提醒，以便将有关该公司或个人的信息直接发送到你的收件箱。
- 通过在线搜索、网站和新闻稿浏览公司、部门和所在地的信息。
- 查看他们在领英和脸书上的公司页面。
- 浏览他们的公司网站。

- 研究他们所在行业的趋势。

- 研究公开信息，如财务报表和股东电话会议记录。

- 记录行话、核心价值观、奖项、触发事件、举措、变化和你能解决的问题。

如果未能展现你对潜在客户公司和其所在行业的了解，会直接动摇对方的合作信心。防止这种情况发生的一种方法是，与在目标行业曾成功签单的同事深入交流，了解该行业潜在客户面临的独特挑战。

让 AI 发挥作用

上述工作看起来十分繁重（事实也确实如此），在这一环节，非常有必要让 AI 来帮你工作。以下是实现这一目标的几种方法：

- 现代搜索引擎和 CRM 中内置的 AI 能够以闪电般的速度返回结果。

- ChatGPT、Claude、Copilot 和 Gemini 等工具可以快速地对网站、文章、报告及通话和采访的记录进行总结。

- 领英内置的 AI 可以让你更容易地获取有关潜在客户的见解。

这里仅列举三个例子。AI 的作用远不止于此，它能帮助你精准识别潜在客户的身份、特征，以及他们需要应对的挑战和问题。你需要做的就是，立刻开始实践并使用现有的 AI 来替你完成繁重的工作。我们将在练习 28-1 中具体演练。

精心设计信息

现在，基于 AI 能提供的信息，结合你的人类智慧、同理心和直觉，设计一条与潜在客户的独特情况相关的信息，向对方表明你了解他们。重点关注潜在客户面临的具体问题，并引出你能够提供的帮助。请看以下示例：

> 嗨，温莎，我是 Sales Gravy 公司的杰布·布朗特。我打电话是想和你约个时间见面。我在《快公司》上看到你们正在扩招 100 名销售人员。我曾与像你们这样的公司合作过，帮助缩短新销售人员的上手时间。例如，在 Xjam 软件公司，我将新销售人员的上手时间缩短了 50%。虽然我不确定该解决方案是否适合你们的具体情况，但我有一些在其他类似公司行之有效的想法和最佳实践。或许，你可能对此感兴趣。要不我们约在周四下午 2 点见面聊一下？

在练习 28-2 中，你将为在练习 28-1 中研究过的潜在客户设计一条个性化信息。

练习 28-1：个性化信息的研究

在本练习中，选择一位你想约见的高价值潜在客户。然后，利用现有的 AI 工具，对该联系人、其所在公司和行业进行调研，找到可以用来设计个性化信息的见解。你的目标是找到 5 条相关信息，并将它们列在下表中。

潜在客户的名称：
1.
2.
3.
4.
5.

练习 28-2：设计个性化信息

当你获得 5 条相关信息后，请据此精心设计一条能引起潜在客户共鸣的信息。重点突出这些见解，树立自己作为有价值资源的形象，以吸引他们与你会面。

潜在客户的名称：

定向信息

当你拥有庞大的潜在客户群体，并且需要高频跟进时，在每次打电话前都花时间调研每位潜在客户，并设计独特的开发信息并不现实。这会拖慢你的工作进度，让你完全陷入困境。

因此，为了提高效率，你需要设计适用于多位潜在客户的开发信息，即一对多而非一对一的信息。关键在于，需要设计能引起目标客户列表中大多数人共鸣的信息。

由于你不太可能深入了解每位潜在客户的具体问题、痛点或关注点，甚至这些信息可能并未录入 CRM，你需要做一些工作来更好地了解他们的情况。

你需要根据经济趋势、同行业同岗位人员的经历、所在地区或细分市场的情况，或者特定竞争对手产品的表现，来推断他们可能面临的问题。在这方面，正是 AI 的"用武之地"。

先将潜在客户数据库按相似特征划分为若干大组。然后让 AI 完成其他繁重的工作。以下是一个效果良好的提示词示例:"在当前经济环境下,中小型[行业类型]公司的老板面临着哪些挑战?"

我们针对业务挑战的话题询问了 ChatGPT,以下是对话记录。

你:

在当前经济环境下,中小型人才中介公司的老板面临着哪些挑战?

ChatGPT:

在当前经济环境下,中小型人才中介公司的老板面临着一系列复杂的挑战。这些挑战因地区、所服务的行业领域和整体经济环境的不同而存在很大差异。他们可能面临的一些常见问题包括:

1. 人才获取与留存:寻找和留住技术型员工是一项重大挑战,尤其是在竞争激烈的就业市场中。人才中介公司需要不断调整招聘策略以吸引顶尖人才,并制订留用计划来留住他们。

2. 法规合规:对于可能没有专门的法律或合规团队的中小型公司来说,遵守劳动法、税务法规和行业特定标准会构成沉重负担。

3. 现金流管理:由于其商业模式的性质(涉及在收到客户付款前向员工或承包商支付薪酬),人才中介公司经常面临现金流方面的挑战。在经济不稳定时期,当客户可能延迟付款时,这种情况会更加严重。

4. 技术适配:跟上技术进步并将新系统融入运营,这既是挑战也是机遇。中小型人才中介公司需要在技术方面进行投资以提高效率和服务质量,但可能缺乏有效实施所需的资源或专业知识。

5. 市场竞争:来自本地和大型跨国人才中介公司的激烈竞争可能给小型公司带来压力。提供差异化的服务并向潜在客户展示自身价值至关重要。

---

6. 经济不确定性：经济波动（如经济衰退）会导致企业削减招聘，从而降低对人才中介服务的需求。经济不确定性还会导致人才中介公司所服务的各个行业出现波动。

7. 客户多元化：依赖数量有限的客户或行业存在风险，特别是当这些行业受到经济衰退的严重冲击时。多元化的客户基础有助于降低这种风险，但这需要拓宽专业领域，并可能需要扩展服务范围。

8. 定价压力：在保持有竞争力的定价与维持健康的利润空间之间取得平衡是一项持续的挑战。客户对价格的敏感度可能导致竞相降价，从而影响盈利能力。

应对这些挑战需要战略规划、灵活性，通常还需要采用新技术或商业模式来提高运营效率，提升客户和求职者的体验，并确保财务稳定。

以下是一些同样效果良好的提示词示例：

- 正在影响[行业类型]行业的三大趋势是什么？
- [行业类型]行业的高管正在采取哪些措施来应对[行业趋势]趋势？
- [公司名称]公司老板最关注的五大问题是什么？

这些提示词之所以有效，是因为它们具体且有针对性。AI 能够清楚地理解你想要的信息，并清晰地呈现出来。你可以使用开放式问题，但也需要确保你的措辞具体且有重点，这样你才能得到对你有帮助的回复。

关注情绪

最有效的开发信息与潜在客户的情绪息息相关，如压力、担忧、不安全感、不信任、焦虑、恐惧、挫败感和愤怒，或者开发信息能为他们提供安心、保障、选择或希望，使他们减轻压力、减少担忧。

根据你收集到的关于他们情况的信息，发挥你的人类优势和同理心，设身处地感受他们的问题和挑战如何影响他们的情绪。试着想象他们的处境，并思考如果你在此处境中会有什么感受。

- 什么会给你造成压力？
- 什么会让你担忧？
- 什么会引发焦虑感？
- 什么能让你内心平静？

利用这些问题的答案来设计以潜在客户为中心的信息。例如："由于许多与您处境相同的老板都因遵守新的薪资规定而倍感压力，我们开发了一套软件系统，可避免导致罚款的差错。"

用一个简单的 AI 提示词（例如："这些挑战会如何影响他们的情绪？"）进行追问，可以为你提供关注同理心的参考依据。具体示例如下文所示：

你：

这些挑战会如何影响他们的情绪？

ChatGPT：

中小型人才中介公司的老板所面临的挑战会显著影响他们的情绪和心理健康。以下是这些挑战可能转化为情绪体验的方式：

1. 压力和焦虑：在应对财务不确定性、法规变化和竞争压力的同时管理日常运营，可能会导致较大的压力和焦虑。对现金流、客户留存和人才招聘的担忧尤其令人倍感压力。

2. 不堪重负：老板需要身兼多职，处理业务的各个方面（从销售、营销、合规到员工管理），这可能带来不堪重负的感觉。当资源有限，老板必须同时处理多项任务时，这种情绪尤其强烈。

3. 挫败感：处理法规合规、技术变革和客户需求的复杂性可能产生挫败感。

当业务增长或效率提升遇到障碍或进展缓慢时，这种挫败感会更强烈。

4. 不确定感和恐惧：经济波动和市场不稳定会让人对企业的未来产生不确定感和恐惧。对潜在的经济衰退、失去重要客户或无法支付工资的担忧尤其容易引发恐惧。

5. 孤独感：老板可能感到孤独，特别是当他们缺乏理解人才中介行业独特挑战的同行或导师支持网络时。在处理看似无法解决的难题时，这种孤独感会更强烈。

6. 自豪感和满足感：从积极的一面来看，克服挑战并实现业务里程碑会带来自豪感和满足感。成功应对艰难的经济形势或赢得新客户会带来极大的成就感。

7. 希望和乐观：尽管面临挑战，但增长和成功的潜力会激发希望和乐观的情绪。技术创新、新的市场机遇和成功的客户合作能够增强对未来的信心。

8. 倦怠：长期处于高压、不断解决问题和承受业绩压力都可能导致倦怠。这种倦怠会影响老板的领导能力和做出合理商业决策的能力。

了解这些情绪影响对于制定支持老板的策略至关重要，无论是通过提供减轻负担的解决方案、搭建社群和支持平台，还是帮助他们找到管理压力，以及保持工作与生活平衡的方法。

设计定向信息

为每类潜在客户或目标客户列表设计几条用于开发潜在客户的定向信息，然后对这些定向信息进行测试和完善。当你与潜在客户交流时，自然会不断迭代和完善这些定向信息。以下是一个示例：

"嗨，坎迪斯，我是 Sales Gravy 公司的杰布·布朗特。我打电话是想约您交流几分钟，因为我发现，很多像您这样的领导者都在被新销售人员上手速度慢困扰。我们研发的 AI 销售培训平台可将新销售人员的培训周期缩短一半，并让他们快速投入销售工作。而且，这已被多家公司所验证。我们开个短会如何？这样，我可以更多地了解您的情况，看看是否有必要安排一次演示。我周四下午 2 点有时间。"

你会注意到，我暗示坎迪斯对新销售人员上手并开展销售工作的速度过慢感到沮丧。虽然我不确定这是她的问题，但由于大多数招聘销售人员的公司都存在这个问题，所以她很可能也有这个问题。

请记住，定向信息就像马蹄铁和手榴弹——它们不需要完美，只要能将开发潜在客户的电话转化为会面、对话或合格确认信息就可以了。

现在，请通过练习 28-3，针对主要潜在客户的类型、角色、行业或细分市场等设计定向信息。

练习 28-3：设计定向信息

综合运用所学的知识，针对你所在行业的不同细分市场设计定向信息。在定向信息中，要提及潜在客户因面临的挑战而产生的某种情绪（你推测的）。

细分市场	针对潜在客户的定向信息

第 29 章

慢速潜在客户开发

当我向新客户完成最终方案演示后，对方露出满意的笑容："我很喜欢你展示的内容，而且我确信这正是我们实现今年增长目标所需的解决方案。最令我惊讶的是这一切的促成方式。"

"多年来，我一直在领英上关注你的内容。当销售团队需要专业支持时，就让我的助理联系了你，没想到短短十天后，我们就达成了合作！"

事实上，在此之前我甚至都不知道这家公司的存在。该公司从未出现在我的目标客户列表中。然而，得益于多年来我每天早晨在领英上进行的"慢速潜在客户开发"工作，它突然就出现在了我的销售漏斗中。

在前文中，我们主要探讨的是"快速潜在客户开发"——打断（客户思路）、吸引（客户注意力）、争取（客户时间）。慢速潜在客户开发则有所不同。它更微妙且富有策略性，讲究长线布局。

这是一个打造个人品牌、积累熟悉度、塑造观点、提高认知度的过程，并在时机成熟时培育高价值目标客户。其本质是创造条件，让机会主动找上门来。

社交销售绝非易事

慢速潜在客户开发的技巧包括拓展专业人脉、参与社区互动、培育高价值潜在客户，以及对现代销售人员尤为重要的任务——在社交媒体（如领英等）平台上开展社交销售活动。

领英极大地提升了 B2B 销售人员与潜在客户建立联系的能力。同样，Facebook、Instagram、YouTube、X（原推特）和 TikTok 也已成为 B2C 和 B2B 销售策略不可或缺的组成部分。有效利用社交媒体能够强化、提升，有时甚至加速快速潜在客户开发工作。

当你同时进行快速和慢速潜在客户开发时，你能获得相当可观的收益。然而，不可忽视的是，慢速潜在客户开发是项艰苦的工作，耗时很长，并且几乎不会带来即时满足感。快速潜在客户开发的反馈几乎是即时的，而慢速潜在客户开发则需要信念——只要长期坚持做正确的事，终将获得投资回报。

正因如此，大多数销售人员未能做好慢速潜在客户开发。他们往往很快就放弃了，坚持的时间不足以见证奇迹的发生。他们放弃的主要原因是社交媒体工作实在太难了。这种磨砺真实存在，而且令人精疲力竭。有时，你会对此感到厌倦。要从社交媒体获取价值并实现增值，需要始终如一、高度专注且严格自律。

要在社交媒体上取得成效，你必须每天都保持活跃。坚持互动是至关重要的。若只是偶尔零星地发个帖子或点个赞，无异于向大海扔一粒石子却奢望激起波浪。

一个巨大的挑战是，如何在社交媒体泛滥成灾的海量内容中脱颖而出。作为新人，你目前很难引人关注。社交媒体的算法（该机制决定了你的帖子是否能被别人看到）始终青睐持续发布内容的用户。你的活跃度越高，你的帖子就越有可能被推到信息流的前列，从而获得更多的关注。

熟悉度法则

想想你最喜欢的演员。你熟悉他们的面容、声音特点、肢体语言和习惯动作。你会被他们主演的电影和电视剧所吸引。你对他们的熟悉度使你几乎喜欢他们扮演的任何角色。

如果在公共场合看到他们，你会立刻认出他们。你会感到激动不已，忍不住走上前表达你有多喜欢他们，或者告诉他们，他们对你的影响有多大。你会激动地请求合影或索要签名。

但细想一下，这种情感并非一蹴而就。你第一次在屏幕上看到他们时，并没有这种程度的连接感。在多次看到他们后，随着时间的推移，你才慢慢成为"粉丝"。他们对你来说越熟悉，你就越喜欢他们。在某个时刻，他们越过了你的"熟悉度阈值"。只有到那时，你才会将他们视为偶像，成为他们的"粉丝"。

运营社交媒体的关键在于熟悉度。足够的熟悉度会带来好感。潜在客户对你越熟悉，他们就越有可能与你互动。熟悉度犹如销售的润滑剂，它能消除陌生电话销售和建立关系过程中的阻碍，让一切变得更丝滑。你遭遇的很多客户拒绝，多半源于熟悉度不足。当人们不了解你时，他们很难信任你。

在人类历史上，个人积累熟悉度从未如此简单。拍摄、写作、点击、发布——一切都尽在指尖。你可以快速且低成本地传播自己的名字和专业声誉。AI 甚至能让这一过程变得更加轻松。

为了积累熟悉度，你必须持续致力于提升个人知名度、专业形象和行业声誉。你必须在社交媒体上保持活跃，并持续进行有效互动，这样人们才能经常看到你，并逐渐对你产生亲近感。

有效互动意味着发布有价值的内容，同时对目标潜在客户和利益相关者的帖子进行点赞、分享和评论。假以时日，就像你对自己喜欢的演员那样，你的目标潜在客户也会越过对你的"熟悉度阈值"。当利益相关者开始觉得他们了解你时，机会之门就会打开，安排会面也会变得更加容易。

在《吃他们的午餐》一书中，安东尼谈到了长期策略。他列出了一份包含 60 个大客户的名单，每天联系其中 3 个。这种策略能让你每个月至少与每个大客户沟通一次，既积累熟悉度，又巩固你在客户心中的优先位置。

权威原则

我们会寻求专家的指导，因为在复杂的世界中，这能帮我们更容易应对不确定性并更快做出决策。这就是所谓的权威原则。你可以在社交媒体（如领英）上分享和发布与潜在客户相关且有价值的内容，这些内容能引起他们的兴趣，帮助他们解决问题，并有助于确立你的专家地位。

当你自信地展现自己在所在领域的专业能力时，这会像磁铁一样吸引潜在客户，并促使他们与你互动。通过互动，你可以深入了解他们面临的问题、帮助他们的机会，并能对他们的购买决策产生影响。

直觉告诉我们，那些能够传授知识、分享见解并解决问题的销售人员，远比那些只是推销产品和服务的销售人员更有价值。因此，当你能够体现自身价值时，你就能吸引更多的潜在客户并实现更多的销售。

在社交媒体上，你发布的内容是提供价值的核心抓手。这些内容能够教育客户、强化可信度、巩固熟悉度，并将你确立为能够解决相关问题的专家。在正确的时间向正确的潜在客户分享正确的内容，能够建立联系，并将被动的线上关系转化为实时交谈。

内容创作

创作和发布原创内容是打造个人品牌最有效的方式，有助于提升你在行业内的专业声誉。原创内容也更容易获得评论和分享。

社交媒体的算法更重视原创内容，尤其是发布于该平台的原创内容。这意味着你帖子的内容不应简单地外链其他平台上的原创文章或视频，你要呈现自己独立的观点。对于销售人员来说，最容易创作和发布的有效原创内容形式包括以下几节所述的媒体类型。

视频

视频的观看量巨大且持续增长。拍摄和上传原创视频很容易，只需要按下手机上的录制键然后开始讲话即可。一些有关视频的创意包括：

- 就相关主题发表见解的短视频。
- 办公室或工作场所的幕后花絮。
- 在客户现场的产品交付或安装过程。
- 客户的推荐。
- 网络研讨会的片段。
- 对主题专家的访谈。

将长视频分割成多个短视频是使用视频的有效方法之一。像 Opus.pro 和 Descript 这样的新一代 AI 工具使这一过程变得无比轻松。

你还会发现，像 Vimeo 这样的平台，以及像 Videoleap 这样的 App 都内置了强大的 AI 视频编辑工具。

同样，还有 Pictory 等数十款视频创作工具，它们借助 AI 技术，可以根据文本内容直接生成专业视频。

照片和信息图

照片是为你的社交媒体添加原创内容最快、最简单的方式。一些有关照片和信息图的创意包括：

- 你和同事在工作中的有趣照片。
- 公司活动和慈善工作的照片。
- 你领奖的照片。
- 你与客户、新产品的合影，或者幕后花絮照片。
- 趋势信息图。
- 数据信息图。
- 流程信息图。
- 操作指南信息图。

如今，许多创意平台都内置了 AI 图像处理工具。在制作社交媒体内容方面，我们首选的工具是 Canva，它提供了各种各样的模板、信息图，并且集成了先进的 AI 功能。另外，作为 AI 图像生成领域的开创者，Dall-E 同样值得关注。

文章

领英支持发布完整篇幅的原创文章。文章可以包含照片、视频和指向其他资源的链接（有利于潜在客户开发）。

AI 可以帮助你更快地撰写相关文章。不过要注意的是，社交媒体平台已经能识别纯 AI 生成的内容，并将这类内容视为垃圾信息。正如你在第 4 部分学到的，对于 AI 生成的任何内容，你必须加入个人见解和原创观点，并且永远不要忘记我们提到的"机器人规则一"。

长文帖子

基于原创文章创建更多帖子的一种简单方法是,提取原创文章中的片段来制作长文帖子。长文帖子围绕单个主题、包含两到三个段落、字数在 175 字以内。AI 可以很快为你完成这项工作。只需要将你的文章粘贴至 ChatGPT、Claude 或 Gemini,并要求它为你提供 175 字的摘要即可。

短文帖子

当内容合适时,100 字以内的短文帖子能够获得大量关注。AI 可以快速将长文帖子改写成短文帖子。只需要将文章或文件粘贴到 AI 助手,并输入提示词:"请根据此内容生成五条社交媒体短文帖子。"几秒钟内,你就能得到满意的结果。

内容精选

社交媒体就像一头贪婪且永不满足的野兽,不断吞噬着内容。你必须每天都提供新内容,方能确保你和你的信息保持相关性和存在感。仅靠原创内容,你永远无法满足这一需求。

解决这个问题的办法是内容精选。何为内容精选?这就像从杂志和报纸上剪下文章然后寄给某人。只不过在社交媒体上,你是以数字化的方式来做这件事,并通过从一对一的模拟传播转变为一对多的数字分发来扩大影响力。

此时,你的工作不是发布自己原创的内容,而是利用他人创作和发布的内容。本质上,你成了专家,为你的受众聚合最相关的内容,并通过你的各种社交媒体将信息分享出去。

内容精选的美妙之处在于,尽管内容不是你创作的,但部分功劳会归于你。有效的社交媒体内容精选策略有三大支柱：

- 察觉。
- 来源。
- 意图。

察觉

你需要察觉所在行业的动态——趋势、竞争对手以及行业内的风云人物。眼观六路、耳听八方，关注周围发生的一切，并阅读与行业相关的博客，参加网络研讨会，观看视频。

AI 工具可以帮你进行这项研究，并将相关信息呈现在你面前。使用简单的提示词来获取对行业趋势的洞察，并利用自动化设置将新信息发送给你。

来源

你需要优质的内容来源。可以包括：公司的博客、播客和 YouTube 频道；行业博客和行业期刊；引领行业对话的思想领袖；《华尔街日报》等专业媒体的文章；公司的内容库。

AI 在帮助你寻找相关来源，以及总结文章、视频、播客和文字记录方面表现出色。这使你能够更快地查阅和消化更多的来源和信息。

意图

不要随意且杂乱无章地分享内容，而要有意图地制定内容策略。花时间阅读和理解你要分享的内容，以便在分享时加上有见地的评论。AI 甚至可以帮助你撰写这些评论和要点。

AI 社交媒体工具呈爆发式增长

好消息是，大量新的 AI 工具涌现出来，这些工具可以帮你显著提升社交媒体运营的持续性和影响力。许多 AI 社交媒体工具甚至会根据相关性和走红潜力对你分享的内容进行评级和打分。这能帮助你更好地决策要发布和分享的内容。

我们在本章提到了一些工具，但市面上的可用工具太多了，远远超出了本书所能列出的范围。现在，花点时间上网搜索以获取最新的 AI 工具，或者更好的做法是，让你的 AI 工具帮你寻找能将慢速潜在客户开发提升到更高水平的工具。

第 6 部分

商机评估、拜访前规划和需求挖掘

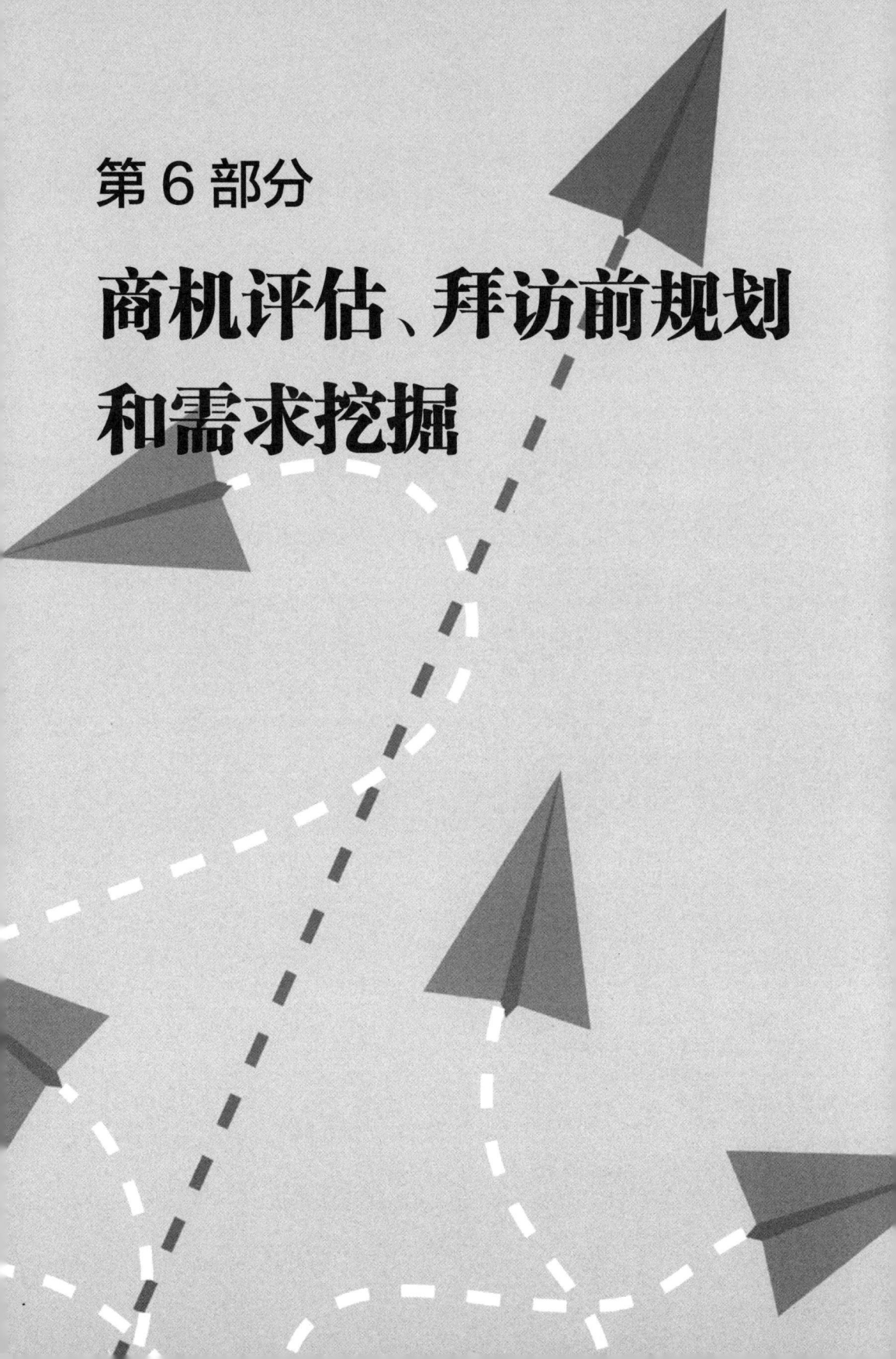

提问比任何陈述都更为重要；而任何观点，若以提问的方式表达，则更具影响力。

——杰布·布朗特

第 30 章

销售始于合格的商机

因为没有正确地对商机进行评估而丢单是极其痛苦的。我们都有过这样的经历，拼命地跟进一个商机，出色地完成所有工作，最后才发现：

- 我们找错了人。
- 利益相关者没有改变的决心。
- 该客户没有预算。
- 该客户仍与竞争对手有合同关系。
- 购买窗口已经关闭或尚未打开。
- 该客户没有信用。
- 该客户的组织与你的应用场景、解决方案、软件、产品、服务或公司文化不匹配。

导致交易失败的因素还有很多，但你应该已经明白。就是在上述这些问题上，粗心大意和缺乏自律的销售人员会栽跟头，有时甚至会断送自己的职业生涯。

残酷的事实是，在销售中，如果你面对的不是一个合格的商机，那么一切努力都毫无意义。就算你是地球上最顶尖的销售专家，精通 AI 技术，但如果把时间浪费在不合格的潜在客户身上，你注定失败。事实如此，毋庸置疑。

有效的商机评估需要系统化、有条理地将未知因素转化为已知因素。这个过程可能很枯燥且耗时，因此许多销售人员会走"捷径"或忽视商机评估，把成败交给运气。

其实，有时你宁愿蒙在鼓里。因为真相很可能是，你销售漏斗中的那个"理想客户"，也就是你预计本季度能拿下的客户，实际上是你妄想出来的，他永远不会购买，只会耗尽你的精力。

合格的潜在客户和利益相关者本就稀缺，把时间花在成交概率低的潜在客户身上，只会让你偏离最重要的任务——专注于那些真正会购买的潜在客户。

构建理想客户画像

商机评估活动主要分为两类：

1. 将潜在客户纳入销售漏斗前的评估活动。

2. 潜在客户进入销售漏斗后，在销售过程中进行的评估活动。

AI 在收集事实信息方面特别有效，能帮助你在将潜在客户纳入销售漏斗前对其进行商机评估和锁定。AI 可以梳理大量信息，找出对你最重要的商机评估要点，然后参照意向数据来分析这些信息，能帮助你对合适的潜在客户进行打分并对其锁定。

有效的商机评估始于理想客户画像（ICP）的定义。ICP 是综合性的，包括购买窗口、强烈的购买动机、利益相关者的层级、利益相关者的参与度、竞争对手的市场占有率、销售周期、行业垂直领域、公司规模和契合度等属性。

ICP 有助于你在正确的时间锁定、培育和争取合适的潜在客户。可利用

ICP 来构建目标客户列表，并对销售漏斗中的现有商机进行基准评估。

AI 正在重塑 ICP 的构建方式。AI 可以分析你公司的内部数据，找出最优质客户和最具盈利性客户之间的模式和共性。

AI 还可以分析销售团队已达成的交易，深入了解触发购买窗口开启的事件，以及影响采购决策的关键利益相关者。这些数据将帮助你构建潜在客户画像，锁定最有可能与你开展业务，并能带来长期盈利且保持高满意度的优质客户。

利用人类的智慧和直觉

当然，并非每个潜在客户都能完美契合你的 ICP。现实情况往往如此，大多数商机都存在不足之处。

商机评估既需要数据支撑，也离不开人类直觉的判断。在评估一个商机的可行性时，你必须考虑事实依据，同时听从自己的直觉。

当潜在客户进入你的销售漏斗，并且你开始与利益相关者展开需求挖掘对话时，你必须敏锐地察觉那些可能导致交易失败或降低成交概率的信号，同时也要留意那些需要你全力争取某一特定潜在客户的信号。人类的优势在于在需求挖掘对话中提出巧妙且具有战略性的问题，以评估利益相关者的参与度，检验假设，结合实际情况分析 AI 提供的数据，并感知细微差别。

然而，在不久的将来，集成至 CRM 的 AI 应能利用你（和团队成员）在与利益相关者会面后输入的信息，以及其他意向、参与度、竞争对手和已成交或未成交的数据，来动态地评估商机并给出成交概率评分。

高效的商机评估机器

无论选择哪种商机评估方法（BANT[①]、MEDDIC[②]、PACT[③]、TAS[④]或 WOLFE[⑤]），将 AI 融入你的商机评估流程，都能帮你更精准地分配时间和精力，提高预测的准确性，并提高成交率。

- AI 能够以极快的速度研究并呈现商机评估的数据点。

- 你能够发现一些以人类感知为中心的不合格因素，如缺乏参与度、对现有供应商的依赖或缺乏改变的动机，而这些是 AI 无法察觉的。

- AI 可以在销售过程中监控不同的信息流，并在交易可能面临风险或需要调整策略时向你发出预警。

- 你可以凭借直觉、细微差别和具体情境，在不完美的情况下做出有依据的冒险决策。

- AI 能帮你厘清可能影响判断的情绪（尤其是依赖情绪）。

当你将 AI 与人类智慧相结合时，会让你成为极为高效的商机评估"机器"。

---

① 全称为：Budget（预算）、Authority（决策权）、Need（需求）和 Timing（时间表）。
② 全称为：Metrics（指标）、Economic Buyer（经济决策者）、Decision Criteria（决策标准）、Decision Process（决策流程）、Identify Pain（痛点识别）和 Champion（内部支持者）。
③ 全称为：Pain（痛点）、Authority（决策权）、Consequences（后果）和 Timeline（时间表）。
④ Target Account Selling 的缩写，指目标客户销售法。
⑤ 全称为：Worth（价值）、Organization（组织）、Leverage（杠杆）、Fit（匹配）和 Engagement（互动）。

第 31 章

挖掘需求的艺术

挖掘需求是销售过程中最重要的步骤。它既是促成客户与你合作的关键依据，也是最终达成交易的核心基础。你应该把 80% 甚至更多的时间都投入于此，这也是与利益相关者建立关系和巩固关系的阶段。挖掘需求是检验销售人员专业能力的试金石。

挖掘需求的心理博弈很复杂。利益相关者会担心你只是冲着他们的钱而来，不是真心实意地帮助他们。而作为销售方，你要先确认他们是否真正符合合作条件，然后再收集必要的信息来帮助他们。

如果你认为销售工作很难，不妨换位思考决策者的处境。无论职位高低，没有人愿意为一个让问题变得更糟的决策失误承担责任。你尚且可以承受丢单，但对于利益相关者来说，采购失误可能带来难以挽回的损失，甚至导致其在公司的地位不保。如今，采购决策会牵涉众多人员，分散风险正是关键原因之一。

根据交易的复杂程度，挖掘需求可能短至几分钟，也可能长达数月，并且需要与众多利益相关者反复会面。在挖掘需求的过程中，你必须保持耐心，有条不紊。挖掘需求的核心目标是，通过策略性的、巧妙的且具有启发性的问题来：

- 激发利益相关者对变革需求的认知。
- 挑战现状，促使利益相关者跳出舒适区。
- 展现你真诚助人的意愿。
- 消除或弱化他们心中的其他替代方案。

除了先评估商机并将其纳入销售漏斗，在整个销售过程中，没有什么比有效的需求挖掘对话更能显著提升成交率了。

挖掘需求是人类的工作

挖掘需求是人类特有的能力，它需要有明确的目的、策略和规划。你必须提出开放式问题，展现真诚的兴趣，运用同理心并积极倾听。AI 无法替你完成这项工作。

挖掘需求的过程往往枯燥乏味。它的进展可能十分缓慢、耗时且充满情感挑战。比起花时间真正了解潜在客户及其利益相关者的核心诉求，草草抛出几个利己的封闭式问题，通过电子邮件发送提案，然后坐等最好的结果显然轻松得多。但是，当人与人之间的互动被各种捷径和远距离沟通所取代时，失败也就不远了。许多销售人员难以达成销售目标的主要原因之一就是，他们在挖掘需求方面做得不充分也不到位。

以客户经理瑞秋为例。她走进一位新开发的潜在客户的办公室，自我介绍后便开始推销她的公司和产品。

买家泰德对她的推销感到厌烦，很快打断她："瑞秋，我们现在的供应商做得相当不错。当然，我们对其他供应商持开放态度。这是我们目前正在使用的产品规格表。你准备一下，把方案发给我，然后我们再谈。不过，我得告诉你，你的价格要合理。"

瑞秋匆匆回到自己的办公室，将信息输入 AI 提案平台。平台很快生成了一份报价，她通过电子邮件将其发给了泰德。然后她把这个商机纳入了自己的销售预测。

在周一上午的一对一谈话中，她向销售经理汇报了这个商机："我正在与决策者沟通，他非常感兴趣！我有信心能成交。"

三天后，瑞秋打电话给泰德："泰德，我想问问我的报价怎么样了。"

泰德回答："你的价格比我们现在支付的价格高很多。"

瑞秋急忙解释："这已是底价了。而且我们的产品质量更高，功能也更丰富。"

泰德不为所动："我们现有的产品运行良好。而且，各家产品的差异也没有那么大。我们决定继续与现在的供应商合作。"

由于没有挖掘需求，瑞秋没有建立关系，不了解业务背景，更缺乏关键信息来诠释产品的价值。在泰德看来，除了价格，她的产品与竞争对手的产品没有区别。

这一场景是否似曾相识？对于许多销售人员来说，这是家常便饭。遗憾的是，AI 无法为你弥补这一差距。有效的需求挖掘对话始终是人类独有的工作。

冰山理论的启示

如果你曾近距离观察过冰山，就会知道它有多么庞大。然而，令人难以理解的是，你所看到的只是冰山整体的一小部分（10%），大部分（90%）都隐藏在水面之下。

利益相关者恰似冰山。他们只透露表面信息，而将真正的问题和情绪隐藏起来。利益相关者通常不会轻易让销售人员发现深层次的需求。通过隐藏某些信息，利益相关者试图保护自己并强化自己的谈判地位。

挖掘需求本质上是一门提问的艺术。要穿透表象，你需要在流畅的对话中巧妙地提出问题。当你将挖掘需求转化为行云流水般的对话时，就能有效瓦解利益相关者的心理防线，吸引他们参与，消除戒备，深入问题核心，并收集所需的关键信息，从而为开展业务构建无懈可击的理由。

你对利益相关者所说的话表现得越真诚，他们就越感到自己被重视。他们感觉越好，就越愿意交谈。他们谈得越多，就会感觉与你越亲近。当信任的纽带形成后，你自然就能顺理成章地提出更深入、更具探索性的问题，从而触及"水面之下"的真实需求。

巧妙的问题往往具有启发性。有时，仅需要一个简单的陈述配合恰到好处的停顿，就能引发客户主动回应来打破沉默。这类问题能促使利益相关者进行深度思考并增强自我意识。巧妙的问题自然建立在对话的基础上，而非独立于对话。巧妙的问题必须契合当时的情境。要提出契合情境的巧妙问题，同理心、情境感知、注意力控制、情绪控制和自信心都是必不可少的。

其实，很多交易在挖掘需求阶段就已锁定胜局，因为一个恰到好处的问题会动摇利益相关者对既有解决方案的信念：无论是当前的供应商、竞争对手、其他系统或流程，还是"内部解决"的执念，甚至维持现状的惰性。巧妙的问题会促使利益相关者考虑不采取行动的后果和风险。正是在这个阶段，选择你的公司作为供应商的决策雏形开始形成。

进行挖掘需求的对话是人类特有的能力，也是你最擅长的事情。但有效的需求挖掘不会凭空发生，它需要规划和准备，而这正是 AI 可以发挥强大作用的地方。接下来，我们需要深入探讨挖掘需求前的拜访规划环节，但在此之前，让我们先来了解一下在挖掘需求时要避免的 8 个错误。

第 32 章

挖掘需求时应避免的 8 个错误

在挖掘需求的过程中，销售人员往往会犯一系列典型的错误。这些错误与 AI 毫无关系，完全是由于人类的失误和缺乏自律所致。

AI 无法帮你避免这些错误，这个责任完全落在你自己的肩上。以下是你需要避免的一些错误：

走捷径

大多数错误之所以发生，是因为销售人员不理解挖掘需求的价值。如果你不重视挖掘需求，就会走捷径。你只把 10% 的时间用于挖掘需求，而不是 80%。你只是走走过场、打钩了事，却没有认真倾听。这会导致需求的挖掘不够深入、业务论证薄弱、客户关系受损、成交率大幅降低。

提出愚蠢的问题

当你向利益相关者提出你本应知道答案的问题时,这展现的是你缺乏准备和诚意。例如,典型的愚蠢问题就是:"你在这里负责什么工作?"(我团队的一位年轻销售人员就问过这个问题。潜在客户当场皱眉。整个会议仅持续了 5 分钟便尴尬收场。这是真实的案例。)

如果某个信息能轻易通过互联网或社交媒体获取,你就不应该在挖掘需求会议中提出这个问题。最有效的问题能确立你专家顾问的形象,彰显你对潜在客户的业务、行业、挑战和机遇的深刻理解。

以自我为中心

太多销售人员只关注自己的业绩目标,而忽视了潜在客户的需求。利益相关者与你会面不是为了帮你完成销售指标,而是要解决自己的问题。如果挖掘需求对话全都围绕着你展开(停留在交易层面而非建立信任关系),就会扼杀了商机。利益相关者不愿被当作交易对象,他们不想浪费时间来回答你那些利己的、带有引导性的问题。这对他们毫无价值,于是他们会选择离开,最终不再理会你。

提问有余而倾听不足

销售人员在挖掘需求对话中最常犯的错误之一,就是过分专注于提出下一个问题,以至于忽略了客户对当前问题的回答。

当你不认真倾听时,客户是能察觉到的,特别是当你频频要求对方重复回答时。缺乏倾听会快速破坏双方的关系。

当你因为思考下一个问题而与当前对话脱节时，这会让挖掘需求对话显得支离破碎和生硬。与其按照预设清单机械地提问，不如采用自然对话的方式，根据客户的回答来构建后续问题。

以"审问"的方式而不是以对话的方式

想象一个电影场景：反派被绑在空房间中央的椅子上，刺眼的灯光直射他的眼睛，审讯者连珠炮般地提出指责性的、带有引导性的封闭式问题。审讯者意在让反派感到极度不适，打乱其阵脚，最终在其意志崩溃时吐露内心的秘密。

许多销售人员会让他们的潜在客户陷入类似不适的境地。这些销售人员抛出一连串封闭式的、带有引导性的问题，这会给人一种强加于人、利己和带有操纵性的感觉。作为回应，潜在客户会回避、搪塞并筑起心理防线。

相比之下，在流畅的对话中巧妙提出开放式问题，能让潜在客户保持参与度。当你将挖掘需求视为自然交流而非"审问"时，就能卸下潜在客户的心防，拉近距离，沟通障碍也将随之消弭。

一开始就提出尖锐问题

想象一下，你看到远处有个陌生人正朝你走来。当他在你面前停下时，你会心生戒备。接下来，他毫不犹豫地开始向你提出一连串私人问题：

- 你住在哪里？
- 你母亲的娘家姓什么？
- 你有几个孩子？他们叫什么名字？他们在哪里上学？
- 你开什么颜色的车？车停在哪里？

- 你的银行账户里有多少钱？

这种提问方式给你什么感觉？你会怎么回答？

你会如实回答这些问题吗？还是虚与委蛇？

试问,你能忍耐多久才会厉声喝退对方或抽身逃离？当你在挖掘需求对话的一开始就提出过于深入的尖锐问题时,利益相关者的感受正是如此。

面对陌生人唐突的冒昧提问,人们本能地会筑起心理防线。作为销售人员,你就是那个陌生人。若未建立信任就贸然提出令对方不适的问题,他们就会瞬间筑起心理防线,然后拒绝交流。

突破心理防线的关键是,在挖掘需求对话开始时,提出利益相关者容易回答且乐意回答的问题。这就是为什么提前调研利益相关者并准备一些他们乐意回答的简单问题至关重要。

正如前文所述,你对利益相关者所说的话表现得越真诚,他们就越感到自己被重视。他们感觉越好,就越愿意交谈。他们谈得越多,就会感觉与你越亲近。当信任的纽带形成后,你自然就能顺理成章地提出更深入、更具探索性的问题。

"连珠炮式推销"

在挖掘需求的对话中,最具破坏性的销售行为莫过于以审问式的封闭问题向利益相关者强行套取大量信息,随后一有机会就迫不及待地开始推销。这种行为源于急躁和缺乏自制力,它会让你错过重要线索、损害关系并失去销售机会。

其表现如下,在挖掘需求的对话中,针对你的提问,利益相关者会说:"我们在[具体问题]方面一直遇到困难。"然而,你没有进一步深入提问以获取清晰的理解，而是直接抓住"机会"开始推销解决方案。一旦你开始推销，你就听不进其他信息了，利益相关者的沟通意愿也随之降低。

有效挖掘需求的关键是耐心提问，鼓励利益相关者畅所欲言，在给出任何建议或提供解决方案之前，先掌握所有信息。在长周期销售中，挖掘需求可能涉及与多位利益相关者进行多次会议，然后才会进入方案演示或解决方案推荐阶段。正因如此，翔实的会议记录显得尤为重要。

缺乏准备

挖掘需求是一门提问的艺术。但有效的挖掘需求不会自然发生。要想使挖掘需求真正有效且有价值，你必须在提出第一个问题前做好调研并规划好方法。请相信我们，在挖掘需求这件事上，临场发挥是很愚蠢的。

在挖掘需求的过程中，最严重的错误就是没有为挖掘需求会议做准备。那些零散、肤浅的问题会彻底暴露你的准备不足。利益相关者会知道你没有用心做调研和设计问题。你会显得像个业余人士，而非专业顾问。你这是在浪费时间，而不是创造价值。

这种情况令买家极为反感。根据 Blender 和 Sirius Decisions 的研究，约 80% 的 B2B 买家抱怨销售人员没有为会议做好准备（包括销售人员对潜在客户的公司或行业一无所知）。销售人员提出的那些本可以通过调研获得答案的问题，暴露了他们的准备不足。

有效挖掘需求的真正秘诀在于规划。对于大型的复杂交易，拜访前的规划可能是一个系统的战略过程；而对于短周期、低复杂度的交易，拜访前的规划可以是简单、直接的。无论交易规模和周期如何，挖掘需求的拜访规划都应聚焦三个关键领域：

1. 你已经知道的信息。

2. 你想要了解的信息。

3. 了解利益相关者及其动机。

销售人员没有为挖掘需求会议做好准备的主要原因是，他们缺乏投入和自律。需要注意的是，AI 无法帮你做到自律。只有你自己才能选择自律，并为挖掘需求会议做好拜访前规划。

AI 能做的是，通过进行调研工作和流程优化，使挖掘需求的过程变得更加容易。AI 可以帮助你深入了解利益相关者的行业、公司和面临的挑战，它甚至可以帮助你设计一些挖掘需求的问题。在接下来的两章中，我们将探讨如何利用 AI 进行拜访前的调研，以及如何设计挖掘需求的问题。

第 33 章

挖掘需求前的拜访准备

托尼的公司通过招聘评估来帮助客户招聘顶尖人才。当托尼和他的团队在争取一家大型家具销售商时，他们先实地考察了这家公司。"我们走进门店，体验了整个购物过程。通过假扮顾客，我们了解了他们的销售流程、招聘的人员类型和企业文化。"

托尼继续说："当我们首次参加挖掘需求会议时，我们向利益相关者说明了我们所做的准备。他们对我们花时间深入了解他们的业务感到非常惊喜。你能明显感到现场气氛的变化。我们以销售人员的身份来到会场，以顾问的身份走出会场。如今，该家具销售商已成为我们最大的客户之一。"

在进行挖掘需求对话前，要尽可能提前了解即将会面的机构和人员。利用 AI、社交媒体、CRM 和互联网来收集有关利益相关者及其机构的信息。这样做有 5 个好处：

1. 避免提出暴露准备不足的愚蠢问题。
2. 帮你设计能让利益相关者畅所欲言的轻松问题。
3. 掌握潜在客户所用的行业术语。

4. 让利益相关者感到被重视，因为你用实际行动证明你愿意花时间来了解他们。

5. 通过预先规划，你可以形成一些理论和假设，之后再通过提问来验证它们。

当你了解潜在客户的行业、业务或面临的挑战时，你自然就能树立起"问题解决专家"的顾问形象。

"有所求"还是"有所知"

许多销售人员错误地认为，挖掘需求就是从潜在客户那里获取信息，以帮助自己尽快从"初次见面"阶段推进到"成交"阶段。这些以自我为中心的"有所求"型销售人员，通过其肤浅的提问和缺乏调研的表现，显示出他们只关心自己和自己的业绩。他们不太在意潜在客户说了什么，而更关注如何利用潜在客户所说的话来推销解决方案。

相比之下，像本章开篇故事中托尼这样的"有所知"型销售人员，会在挖掘需求对话中带入行业知识、调研成果和专业见解。他们提出的问题经过深思熟虑、巧妙设计且具有策略性，这些都源自他们的调研。就像顾问一样，他们的问题具有双重目的：激发潜在客户对变革需求的认知；收集重要信息以开发解决方案和业务论证。

要证明自己是"有所知"型销售人员，需要做好功课，以了解潜在客户、他们所在的行业和他们面临的挑战及机遇。出色的挖掘需求对话始于你对自己已知信息的评估，以及对那些无须提问就能获取的信息的调研。

从已知信息入手

在进行任何挖掘需求对话前，你都应该查看 CRM 中的记录。或许，这些记录中可能存有曾跟进该客户的销售人员留下的信息，还可能存有你前期与潜在客户互动时所做的记录。

需要特别强调的是，如果你在与利益相关者交谈时不做记录，则构成了严重的销售失职行为（我们甚至会考虑向相关部门举报你）。毕竟，任何人都不可能记住每次谈话的所有细节，而且重复提出已经沟通过的问题会产生不良后果。

如今，AI 笔记工具比比皆是。有许多不错的选择，包括 Otter.ai、Chorus.ai，以及内置于 Zoom、Teams 和 Google Meets 等平台的 AI 笔记工具。这些工具在提供完整转录和摘要方面做得越来越好。

当与利益相关者会面时，像 Otter.ai 这样的工具可以帮你做笔记。你只需在手机上打开 App，并授予其录音权限即可。然后，在会议结束后，将会议记录上传至 CRM。

我在每次会议中都使用 AI 笔记工具。我发现，这些笔记对于准备下一次会议和撰写提案都非常有价值。我也会使用一款名为 reMarkable 的平板电脑手写笔记。在会议结束后，我会将手写笔记转换为数字文本并上传至 CRM。另外，我还会通过 ChatGPT 生成会议记录的要点摘要。

尽管有 AI 工具在做笔记，但我仍然坚持手写笔记，主要基于以下原因：

- **促进理解**。事实证明，手写有助于处理信息，进而更深入地理解对话内容。
- **增强记忆**。手写动作能激活大脑中有助于理解和记忆的区域。
- **激发创意**。手写能激活大脑的创意中心，有助于你为潜在客户开发更具创新性的解决方案，帮助你充分发挥人类优势，从而与竞争对手形成差异。

- **减少干扰**。当手写笔记时，你不太容易分心，这样就能专注于利益相关者。

- **巩固关系**。当手写笔记时，对方会觉得你很在意本次会议，他们会感到被重视，从而加深彼此之间的情感联系。

- **体现尊重**。最近，我公司的 CFO 决定不再与一家供应商合作，因为该供应商的销售人员在挖掘需求会议上一直在笔记本电脑上打字。她说："我甚至觉得他们都没在听我说话！"在笔记本电脑上打字（包括做笔记）很容易给客户带来不被尊重的负面感受。

做好笔记并足够自律地将新信息持续记录至 CRM，会使挖掘需求前的拜访准备变得容易得多。CRM 的价值在于帮你记住所有事情，但它无法记住你没有输入的内容。它本质上是你与客户互动和双方关系的记录。

在不久的将来，CRM 内置的 AI 将能够通过总结已知信息，为你完成大量的基础工作。它甚至会针对你可能需要了解的信息以及你应该提出的问题给出建议。不过，AI 提供信息的质量取决于你输入信息的质量。请记住机器人规则二：输入垃圾，输出垃圾。

调研无须提问就能获取的信息

调研和商机评估是相辅相成的。有了 AI 的协助，在进行挖掘需求对话或将潜在客户纳入销售漏斗前，你没有任何理由不对每位潜在客户和利益相关者进行深入调研。你需要调研的内容包括：

- **公司**。公司的业务、服务对象、业务优势与劣势、经营策略、美国证券交易委员会的文件（如果适用）、股票表现、业务计划、面临的挑战、供应商、软件供应商、业务范围、差异化优势等。

- **利益相关者**。身份、职位、任期、职业与教育背景、爱好、动机，以及你可能想接触或了解的公司关键人物。
- **行业**。趋势、挑战、不利因素、有利因素、行业术语、风险、机遇。
- **竞争对手**。主要竞争对手是谁、竞争对手之间的对比情况、差异化策略、优势与劣势。

AI 在调研方面表现出色。你只需要输入恰当的提示词，就能在几秒内获得所需的信息。关键在于"恰当"。正如我们反复强调的，AI 提供的信息质量与你输入信息（包括提示词）的质量直接相关。

对于 AI 提供的信息，有一点需要提醒你。牢记机器人规则一：永不轻信，始终验证。AI 会产生幻觉，会提供虚假信息，有时甚至会直接撒谎。因此，你应该在不同 AI 平台上对信息进行多次验证，或者直接在搜索引擎中搜索。

用于调研的提示词示例

> **你：**
>
> Magical（可输入公司网址）的市场进入（GTM）策略是什么？
>
> **ChatGPT：**
>
> Magical 的市场进入（GTM）策略包含几个关键部分：
>
> 产品聚焦与演变：Magical 由 Harpaul Sambhi 及其联合创始人于 2020 年推出，最初专注于消息传递功能，后来扩展至在网站、数据库、表单等各种平台间传输数据。该工具起到文本扩展器的作用，允许用户插入预定义的文本片段，这有助于处理重复性任务。

目标市场与用户群体：Magical 的目标客户是那些从事重复性任务（例如，在不同应用程序中输入相同消息或复制粘贴数据）的知识工作者。该工具旨在为这些知识工作者提升操作效率，使不同软件工具间的任务处理更加流畅和一致。目前，Magical 已吸引了大量的用户（超过 45 万名用户和 1 万多家企业），包括迪士尼、脸书、Salesforce 和优步等知名公司。

未来规划与拓展：Magical 的公司计划将 A 轮融资的资金用于将其平台拓展到 Chrome 浏览器之外，并扩充员工队伍。公司还计划推出带有高级功能的付费套餐，并持续增强平台的智能化水平，逐步实现跨团队、跨部门的自动化流程协作共享。

这些策略彰显了 Magical 的价值主张：为重复性数据任务提供高效的云端解决方案，旨在为用户节省时间并提高生产力。

你：

请总结一下 Sales Gravy 公司的官网（可输入公司网址）内容。

ChatGPT：

该网站是一个致力于通过各种培训和发展服务来提升销售团队及个人业绩的网站。该网站由著名作家、销售专家杰布·布朗特于 2006 年创立，因其全面的销售培训和赋能解决方案而在全球享有盛誉。

Sales Gravy 公司提供的服务包括通过 Sales Gravy 大学开展的一系列面授培训课程、研讨会和在线学习课程，涵盖了各种与销售相关的主题，如潜在客户开发、谈判技巧、动荡时期的销售策略、应对销售异议等。此外，该公司还提供虚拟销售技能培训，这在当今数字化优先的商业环境中至关重要。

Sales Gravy 公司还强调销售领导力和教练技能的培养，为销售经理和高管提供专门的培训，以打造高绩效团队。除培训外，该公司还提供销售手册、薪酬策略和招聘评估等资源，旨在提高销售效率和组织敏捷性。

对于那些对持续学习感兴趣的人，Sales Gravy 公司提供了大量在线按需课程，允许销售人员按自己的节奏在任何设备上学习。该公司的服务面向广泛受众，从一线销售人员到高层管理人员，确保销售组织的各个层级都能从其服务中受益。

你：

请为我列出中小型工程公司在招聘和人员配置方面面临的挑战。

ChatGPT：

中小型工程公司通常在招聘和人员配置方面面临以下挑战：

1. 资源有限。与大型工程公司相比，这类公司通常预算较少，资源有限，难以提供有竞争力的薪酬方案来吸引顶尖人才。

2. 难以吸引专业人才。工程项目往往需要特定的专业知识和技能，特别是在小众或新兴技术领域，在本地人才库中可能很难找到这类人才。

3. 与大型工程公司竞争。大型工程公司可能提供更好的福利、更高的薪水和更多的职业发展机会，这使得中小型工程公司难以争夺同一批候选人。

4. 品牌知名度低。中小型工程公司的品牌知名度可能较低，这使其难以吸引那些寻求知名雇主的求职者。

5. 缺乏专门的人力资源部门。许多中小型工程公司未设专门的人力资源部门，这可能导致招聘流程的管理效率低下。

6. 培训和发展机会有限。中小型工程公司可能在培训和职业发展方面投入的资源较少，这使得吸引和留住顶尖人才更加困难。

7. 基于特定项目的招聘。工程公司通常基于特定项目需求来招聘员工，这可能导致较高的人员流动率，并且需要频繁进行招聘。

8. 地域限制。中小型工程公司可能局限于特定的地理区域，这缩小了可用人才库的范围，使得找到符合条件的候选人更加困难。

9. 工作与生活平衡方面的挑战。工程项目的要求可能很高，工作时间长且工期紧，这可能不利于维持工作与生活的平衡，使那些重视这一方面的候选人望而却步。

10. 远程或混合办公的管理难题。面对日益普及的远程或混合办公模式，中小型工程公司可能难以有效管理远程员工或协调混合团队。

为了应对这些挑战，中小型工程公司可能需要在招聘策略上有所创新，发挥自身独特优势（如更个性化的工作环境或专业技能），并进行有效的人才管理实践。

你：

请介绍一下安东尼·伊安纳里诺。

ChatGPT：

安东尼·亚纳里诺是销售和商业领域的知名人士。以下是关于他的一些关键信息：

1. 销售专家。他是备受推崇的销售领袖、演讲家和作家，专注于 B2B 销售策略。

2. 作家。他写了几本关于销售的畅销书，包括《直效销售》《成交之书》和《吃他们的午餐》。

3. 演讲家。他是全球销售会议和企业活动中备受欢迎的主题演讲嘉宾。

4. 博主。他运营着一个很受欢迎的销售博客，定期分享有关销售策略、领导力和个人发展的见解及建议。

5. 顾问。他担任销售顾问，帮助各类企业改进销售流程和策略。

6. 高管任职经历。他拥有销售管理方面的经验，曾多年担任 Solutions Staffing 公司的总裁。

7. 播客主持人。他主持了名为《在竞技场中》的播客，聚焦销售和个人发展话题。

8. 教育背景。他拥有英国文学硕士学位，常常将自己在销售中能有效沟通的能力归功于此。

9. 理念。他的销售理念强调为客户创造价值、建立牢固关系和持续个人发展的重要性。

10. 影响力。他被公认为销售行业最具影响力的人物之一，以其务实、直接的销售技巧和策略著称。

安东尼·伊安纳里诺的工作对现代 B2B 销售策略和技巧的发展产生了重大影响，使他成为销售界备受尊敬的意见领袖。

你：

ZoomInfo 的核心价值主张是什么？

ChatGPT：

ZoomInfo 的核心价值主张在于，提供全面且高质量的商业数据和见解，助力企业加速销售和营销工作。以下是 ZoomInfo 所提供服务的一些关键方面：

1. B2B 联系人和公司数据。ZoomInfo 拥有庞大的商业联系人和公司信息数据库。该数据库包含直拨电话号码、电子邮件地址等相关信息，可帮助销售人员和营销人员有效触达潜在客户和决策者。

2. 销售情报和潜在客户开发工具。ZoomInfo 提供了实用的工具，可帮助销售团队识别和锁定更有可能对其产品或服务感兴趣的潜在客户。工具的功能包括线索评分、意向信号和触发事件等，可表明潜在客户的购买准备度。

3. 营销自动化集成。ZoomInfo 可与各种营销自动化和 CRM 系统集成，实现跨平台数据同步，使销售和营销活动更高效、更协调。

4. 高级分析和报告。ZoomInfo 提供了分析工具，可帮助企业跟踪销售和营销工作的有效性、深入了解营销活动的表现、线索的生成和转化率，进而帮助企业做出基于数据的决策。

5. 合规性与数据隐私。在数据隐私至关重要的时代，ZoomInfo 高度重视《通用数据保护条例》《加州消费者隐私法案》等法规的合规性。确保用户可信任所接收的数据并负责任地使用数据。

总体而言，ZoomInfo 的核心价值主张在于，利用详细、可操作的数据来改善业务触达、加速销售周期并增强营销效果，同时始终关注数据质量和合规性。

你：

临时人员派遣行业的 CEO 们今年最担心的是什么？

ChatGPT：

临时人员派遣行业的 CEO 们今年特别关注以下几个关键问题：

1. 经济不确定性。由于经济衰退的影响挥之不去，CEO 们对潜在的经济衰退影响和不稳定的市场状况保持警惕，这可能影响各行业人员派遣需求的稳定性。

2. 法规变化与合规性。新的法规和合规要求，特别是与劳动法和员工分类相关的法规，是一个重要的关注点。这些法规可能影响运营流程，并需要对商业模式进行调整以确保合规。

3. 技术应用与网络安全。先进技术的整合，特别是 AI 驱动的人才招聘和管理平台，正变得至关重要。然而，这也引发了对网络安全和保护敏感数据的担忧。

4. 人才短缺和劳动力管理。一个长期存在的问题是，某些岗位缺乏合格的候选人。此外，管理越来越重视灵活性（包括远程和混合办公模式）的劳动力也是一个需要解决的战略重点问题。

5. 政治事件的影响。由于今年是美国的大选年，政治不确定性可能影响企业运作和招聘工作，因为企业可能采取观望态度以了解新政策的潜在影响。

这些情况表明，尽管存在挑战，但行业内也有大量创新和战略调整的机会来有效应对这些问题（部分引自《人员派遣行业评论》）。

练习 33-1：调研潜在客户

针对销售漏斗中已安排挖掘需求会议的潜在客户，根据以下问题开展会前调研。针对每个问题，写出可以用来启动调研的 AI 提示词。

1. **调研潜在客户所在的公司**。需要关注该公司的业务范围、差异化策略、当前举措、价值主张、发展历史、市场进入策略。如果该公司属于上市公司，还要关注其披露的风险信息。

提示词：_____

_____

_____

2. **调研潜在客户所在的行业**。识别行业趋势和挑战。该行业的高管们最关注哪些问题？

提示词：_____

_____

_____

3. **调研竞争对手**。该公司的主要竞争对手是谁？竞争对手的差异化策略、当前举措、价值主张、发展历史和市场进入策略分别是什么？

提示词：_____

_____

_____

4. **调研利益相关者**。对参加挖掘需求会议的所有利益相关者进行背景调查。了解可能对参加会议的利益相关者有决策权的其他高管。

提示词：_____

_____

_____

第 34 章

挖掘需求的问题：你想要了解什么

如果挖掘需求有自己的语言，那一定是提问的语言。在销售中，你提出的问题比你说的任何话都重要，而任何你想表达的内容，以问题的形式提出都会更具影响力。

在挖掘需求的对话中，提问的质量和深度对交易的成败有着重大的影响。有效的需求挖掘是指，在恰当的时间向合适的人提出正确的问题（开放式问题）。

开放式问题的力量

像"这对您有什么影响？"或"当员工的赔偿成本增加时会发生什么？"这样的开放式问题，能促使潜在客户畅所欲言并详细阐述（讲述他们的故事）。

相反，像"你们用了多少这种产品？"或"你对这个满意吗？"这样的封闭式问题只能得到简短、有限的回答。封闭式问题是利己的、审问式的，因为它们是以你为中心的——只为获取你需要的、能推进销售的信息。

大多数销售人员至少对开放式问题和封闭式问题有基本的了解。如果你采访了 100 名销售人员，其中有 99 人会告诉你开放式问题在销售对话中最有效。然而，如果你仔细观察这些销售人员与利益相关者的互动，你听到的大多是审问式的封闭式问题。

提出封闭式问题会成为习惯，因为封闭式问题很容易，会给你一种掌控感的错觉，而且几乎不需要智力投入和情感付出。难以提出开放式问题的销售人员往往有以下特点：

- 他们无法控制自己总想掌控局面的情绪冲动。
- 他们不愿意放手让对话自然进行，不相信潜在客户会在讲述自身独特情况时透露关键信息。
- 他们缺乏将注意力集中在对方身上的自律。
- 他们觉得提出引发要点的封闭式问题比让利益相关者自由表达然后专心倾听要容易得多。

在销售对话中，99%的问题应该是开放式问题。例如，"请展开讲讲"或"请详细描述一下那个流程"等引导性陈述。"陈述配合停顿"的方法尤其能促使潜在客户开口。其运作方式如下：先说"哇，这听起来确实很有挑战性"，然后战术性停顿，让沉默完成剩下的工作。

这一技巧有双重价值：一是，表明你在倾听；二是，利用沉默压力触发客户叙事。

开放式问题的目的是引出故事。从这些故事中，你能获取构建解决方案所需的信息，并深入了解利益相关者最关心什么。正是通过这些故事，利益相关者让你了解他们的行业语言，以及你能解决问题的根本原因。

通过 AI 协助，设计挖掘需求的问题

挖掘需求的主要目的是收集信息，以编写业务论证。在你做调研时，一些构建业务论证所需的信息会显现出来，而大部分信息则会在与利益相关者进行的挖掘需求对话中浮出水面。

因此，在进行挖掘需求对话前，你必须明确自己想要了解什么。在确定想要了解的信息（你的目标）后，你就可以提前设计并练习要提出的问题。

只要提供正确的信息和提示词，AI 就能协助你设计挖掘需求的问题。请注意，这里的"协助"是个关键词。由于挖掘需求对于与利益相关者建立关系至关重要，所以将其完全交给 AI 是个重大错误。因此，你务必审查并完善 AI 生成的问题，以确保挖掘需求的对话是交流式的而不是审问式的。还需要注意的是，你设计的问题应当环环相扣、层层递进。

在设计挖掘需求的问题时，我们建议你在 AI 提示词中包含以下结构化信息：

- 所销售的产品。
- 目标市场。
- 参与会议的利益相关者。
- 公司的类型和规模。
- 需要提出开放式问题。
- 希望问题能揭示的内容。

请看以下示例。

> **你：**
>
> 我为中小型企业提供 PEO 解决方案，我将与一家年收入 1 000 万美元的暖

通空调（HVAC）公司的 CEO 和 CFO 进行挖掘需求会议。请设计 10 个开放式问题，帮助我了解该公司在招聘、员工留用和薪资管理方面的挑战，同时展现我对 HVAC 行业的理解。

ChatGPT：

当然可以！为挖掘需求会议设计合适的问题，对于了解你的 PEO 解决方案如何能最好地服务于 HVAC 公司至关重要。以下是 10 个开放式问题，旨在揭示该公司在招聘、员工留用和薪资管理方面的需求，同时展示你对 HVAC 行业的理解：

1. *劳动力的动态性与季节性*

在销售旺季，贵公司的劳动力需要如何调整？在人员增减方面，贵公司面临哪些挑战？

2. *招聘策略*

贵公司发现哪些方法对招聘熟练的 HVAC 技术人员最有效？目前你们的招聘流程存在哪些缺口？

3. *员工留用*

员工离职的主要原因是什么？贵公司发现哪些留用策略最有效或最无效？

4. *薪资管理的复杂性*

目前，贵公司如何管理跨州或跨地区的薪资和合规性？这一过程中最大的痛点是什么？

5. *福利与员工满意度*

贵公司提供哪种类型的福利方案？您认为该方案与现有员工和潜在员工的期望契合吗？

6. *合规性与法规挑战*

哪些法规的合规性问题对您来说最棘手？贵公司目前如何应对这些挑战？

7. 技术与流程效率

您对现有人力资源和薪资管理所使用的技术及系统满意吗？您认为哪些方面有改进空间？

8. 公司文化的影响

您能描述一下公司文化吗？公司文化对员工的生产力和工作满意度有何影响？

9. 财务规划与员工成本

贵公司如何规划员工成本（如工资、福利和培训）的预算，尤其是在业务量波动时？

10. 未来劳动力规划

展望未来，随着业务的增长，您预计将面临哪些关键的劳动力挑战？您打算如何应对？

真实情况类问题

在挖掘需求对话中，利益相关者往往会含糊其词，隐瞒真实情况。他们这样做有很多原因，包括维护企业形象、存在认知偏差，以及担忧透露实情会被用作谈判筹码。

有时，你面对的利益相关者，尤其是高层管理者，由于远离日常业务，以至于他们实际上看不到问题所在。正因如此，你必须在产品演示前，与多位利益相关者进行沟通，完成需求挖掘的流程，参观设施，花一天时间观察对方的业务运作方式，并深入研究数据以了解真实情况。

在每笔交易中，始终存在一个备选方案：维持现状——不做任何改变。事实上，大多数未能达成的交易都是因为"不做决定"而失败的，因为利益相关者认为没有令人信服的理由来做出改变。因此，你必须深入挖掘，了解当前的真实情况。

由于利益相关者几乎总是将维持现状视为比改变更稳妥的选择，因此，你必须通过提问来揭示真实情况，并帮助利益相关者意识到现状为何难以为继，从而消除"不做任何改变"这个选项。以下是展示 AI 如何帮助你提出真实情况类问题的示例。

你：

我为金融机构提供网络安全软件。我要与一家大型银行的 CIO 会面。请提供 5 个有力度的问题，帮助我深入了解银行数据面临的风险，以便掌握其真实情况。

ChatGPT：

在与一家大型银行的 CIO 讨论网络安全时，提出能探究其当前安全态势和独特挑战的深刻问题至关重要。以下是 5 个问题，可以帮助你更深入地了解该银行的情况，并展示你在金融机构网络安全方面的专业知识：

1. 风险态势的理解

您能描述一下目前最令您担心的网络安全威胁是什么吗？在过去的一年里，贵行的风险态势发生了哪些变化？

2. 事件响应的准备情况

能否介绍一下贵行目前的事件响应计划吗？贵行如何评估该计划的有效性？上次在真实场景中测试是什么时候？

3. 法规合规挑战

在数据安全方面，贵行目前面临哪些最具挑战性的法规合规问题？您是如何应对这些挑战的？

4. 整合新技术的安全性

随着银行采用云服务或 AI 等新技术，贵行如何确保这些整合不会给银

行带来更多的网络安全漏洞？

5. 投资重点和差距

就贵行目前的网络安全投资而言，您认为最显著的差距或改进空间在哪里？下个财年的投资重点是什么？

根本原因分析类问题

找到潜在客户问题的根本原因是制定一套个性化解决方案并呈现给利益相关者团队的关键。需要理解的重点是，在很多时候，利益相关者不知道他们问题的根本原因，因为他们离这些问题太近了。

提出战略性的根本原因分析类问题，会确立你的专家顾问形象。这类问题能够深入表面之下，探究数据、系统、流程和方法。这类问题有助于你发现需要做出的改变，以帮助潜在客户实现他们期望的结果。以下是展示 AI 如何帮助你设计根本原因分析类问题的示例。

你：

我向拥有众多车辆和重型设备的公司提供车队管理服务和软件。我计划与某区域大型道路建设公司的车队运营总监进行一次挖掘需求会议。我从该公司的 CFO 处得知，他们的维修保养费用超出了预算，影响了盈利能力。请提供 5 个开放式问题，以帮助我找出这个问题的根本原因。

ChatGPT：

在与车队运营总监讨论维修保养费用问题时，特别是当这些费用影响盈利能力时，提出能够揭示运营效率低下和潜在解决方案的深刻问题至关重要。以下是 5 个开放式问题，可在挖掘需求会议中深入了解该公司在车队管理方面面临的问题：

1. 了解维修保养流程

您能描述一下目前车队维修保养的流程吗？贵公司如何决定应优先处理哪些车辆或设备？

2. 分析成本超支

导致维修保养费用超出预算的最主要因素有哪些？是否存在高发的典型故障或偶发的意外情况？

3. 评估维修保养计划的执行情况

您的团队是否严格遵循维修保养计划？在遵循计划方面是否存在可能影响成本的挑战？

4. 评估车队利用率和生命周期管理

能否分享一下贵公司目前如何监控和管理车辆及设备的生命周期？贵公司如何判断维修或更换哪个更具成本效益？

5. 探讨技术和数据的使用

在贵公司当前的车队管理中，技术起到什么作用，特别是在跟踪和分析维修保养需求及成本方面？您收集的数据是否存在空白项，填补这些空白项能否提供更好的见解？

可衡量的业务成果类问题

识别可衡量的业务成果（Measurable Business Outcomes，MBO）并就这些成果的价值（重要衡量指标）达成共识，是制定有说服力的业务论证和提案的关键。

一些 MBO 是显而易见的，并且很容易被利益相关者群体识别出来。另一些 MBO 则需要通过巧妙的策略性问题来揭示，这些问题有助于利益相关者意识到创造 MBO 的机会，而这些 MBO 很可能改变其业务模式。

当你深入了解利益相关者群体关心的衡量指标时，就能更容易地用数据来清晰展示提案的价值。MBO 越具体，与你进行业务合作的理由就越充分，你达成交易的概率也就越高。以下是展示 AI 如何帮助你设计 MBO 类问题的示例（略去提问环节）。

ChatGPT：

在与一家重型设备经销商的销售主管进行挖掘需求会议时，你的问题应侧重于了解该经销商当前的流程，找出痛点并探讨 CRM 整合的潜在收益。以下是 5 个有针对性的问题，旨在获取相关信息，从而引导有关实施 CRM 软件的有效对话：

1. 当前销售流程的诊断

能否详细介绍一下从发现销售线索到成交的当前销售流程？您的销售团队在管理和孵化这些销售线索时面临的最大挑战是什么？

2. 数据的利用和报告

您目前如何跟踪和管理客户互动？使用哪些工具进行销售预测和报告？您是否觉得缺少某些能推动更好决策的数据洞察结果？

3. 客户的留存率和满意度

您目前采用哪些策略来确保客户的留存率和满意度？如何衡量这些策略是否成功？您认为在哪些方面还有改进的空间？

4. 整合和工作流程优化

现有工具与销售和客户服务工作流程的整合度如何？是否存在一些重复性任务或信息瓶颈可以通过更好的技术来简化？

5. 业务成果与投资回报率

您明年希望实现哪些具体的业务成果？您认为新的 CRM 将如何支持这

些目标？此外，在评估新销售技术的投资回报率时，哪些指标或 KPI 对您来说是最重要的？

范式转变和未来愿景类问题

未来愿景类问题旨在帮助利益相关者看到更美好的未来，从而激发他们做出改变的动力。这类问题促使利益相关者阐述他们对未来的设想。

范式转变类问题有助于利益相关者做好突破现状的准备。这类问题鼓励他们在战略层面做出必要变革，以迈向更美好的未来。以下是展示 AI 如何帮助你设计这类问题的示例（略去提问环节）。

ChatGPT：

在与一家担心搬到更大、更气派的办公场所会产生更多费用的律师事务所合作时，有必要通过提出一些问题来帮助他们设想这一转变带来的益处和长期收益。以下是 5 个开放式问题，旨在帮助他们充分考虑并接受搬到新办公场所的潜在优势：

1. **愿景与发展的契合度**

考虑到贵所的发展规划和希望向客户展示的形象，您能否描述一下理想的办公场所是什么样的？

2. **当前办公场所的局限性**

当前办公场所如何限制了贵所的运营或客户服务能力？您认为当前办公场所的局限性可能让您错失哪些机会？

3. **客户认知和律师事务所的声誉**

办公场所的位置和硬件设施对贵所的客户来说有多重要？设施更现代化且位置更优越的办公场所将如何提升贵所的声誉并吸引新业务？

4. 未来的空间利用

展望未来,贵所希望增加哪些当前办公场所无法支持的职能或服务? 新的办公场所如何更好地满足这些需求?

5. 成本考量和投资视角

在考虑搬迁的初始成本时,您是否想过在崭新的、现代化的办公场所中,因客户数量增加、员工满意度提升和工作效率提高带来的潜在投资回报?

供应商和价值评估类问题

了解潜在客户看重什么以及他们如何选择供应商是很重要的。这些问题可以引出利益相关者对理想供应商的合作理念、期望和偏好。在掌握这些信息后,你就能深入了解如何设计业务论证和提案,以符合对方的价值观和评估标准。以下是展示 AI 如何帮助你设计这类问题的示例。

你:

我提供保洁和设施管理服务。我将与一家百人规模的会计师事务所的运营总监进行挖掘需求会议。该总监正在为其办公场所寻找新的保洁服务供应商,目前已与我的多个竞争对手接洽。请设计一些问题,使我能够更好地了解该总监的供应商选择标准,以及该会计师事务所的核心价值观。

ChatGPT:

在你描述的这种竞争场景下,提出一些问题至关重要,这些问题不仅要揭示运营总监选择保洁服务供应商的具体标准,还要使你的服务与客户公司的核心价值观相契合。以下是一些可以帮助你有效定位自己服务的问题:

1. 了解服务期望

您能描述一下对保洁服务的期望吗? 对于之前供应商提供的服务,您希望看到哪些具体方面得到改进?

2. 供应商选择标准

在选择新的保洁服务供应商时,您会考虑哪些最重要的因素?是否需要供应商具备特定的资质或认证?

3. 与公司价值观的契合度

贵所的核心价值观如何影响您对供应商和合作伙伴的期望?能否举例说明这些价值观如何体现在您寻求的保洁服务中?

4. 沟通和报告偏好

您希望保洁服务供应商提供哪种类型的沟通和报告?您希望多久更新一次,通过什么渠道更新?

5. 反馈和质量保证流程

您倾向于如何与供应商处理反馈和质量保证事宜?在处理可能出现的问题时,理想的流程是怎样的?

练习 34-1: 设计挖掘需求的问题

现在,请通过提示词来指导 AI 帮助你为即将进行的挖掘需求会议设计问题。

1. 从现有销售漏斗中选定一个已安排挖掘需求会议的潜在客户。

2. 确定会议的目标,即"你想要了解什么"。

3. 使用各种提示词让 AI 帮你设计 10 个与该目标相符的问题。

4. 在下表的左列,按计划提问的顺序列出 AI 为你设计的问题。

5. 在下表的右列，对 AI 设计的问题进行编辑和完善，使其听起来更自然、更有人情味。

目标（你想要了解什么）：	
AI 设计的问题	**人工编辑/完善后的问题**

利益相关者的成功标准类问题

每位利益相关者都有其个人的成功标准、希望解决的问题，以及对现状和与你合作的替代方案的想法及感受。在这些标准中，有些标准是理性的，还有些标准是感性的。由于购买决策受情感驱动，因此至关重要的是，你要通过以下问题来发现并满足利益相关者个人的成功标准：

- "您觉得什么是成功？"
- "能否谈谈什么对您最重要？"
- "您自己正在试图解决什么问题？"
- "对于当前的情况，您最担心的是什么？"
- "能否详细说说您认为可用来解决这些问题的替代方案？"
- "如果这个项目成功了，对您个人而言会有什么改变？"

利益相关者在购买过程和其公司中扮演着不同的角色。他们的具体角色和职责会影响其个人动机和偏见。因此，你必须熟悉从高管到中层管理者常见的动机模式和决策思维过程。

不过，有时你会遇到头衔、角色或职责都不熟悉的利益相关者。在进行挖掘需求会议前，AI 可以帮你深入了解对这些利益相关者重要的事情。以下是展示 AI 如何帮助你设计这类问题的示例。

你：

我从事环保服务行业，我将首次与一家医院洗衣房的负责人会面。请分析对该负责人重要的事情，以及他的个人动机。

ChatGPT：

在与医院洗衣房的负责人会面时，了解其独特职位和面临的压力很重要。在此背景下，该负责人的优先任务很可能包括运营效率、健康和环境的法规合规性、成本管理，以及洗衣流程的安全性和有效性。以下是可能对该负责人重要的事情和可能驱动其个人动机的关键领域：

1. 法规合规性。在医院环境中，遵守健康和环境安全标准至关重要。该负责人有动力维持高标准，以避免法律问题和潜在的罚款。

2. 运营效率。该负责人会专注于优化洗衣流程，以高效地处理大量衣物，同时最大限度地减少停机时间，因为停机会影响医院的整体运作。

3. 成本管理。成本管理是一个重要关注点，特别是在洗衣过程中能源、水和化学品的使用。该负责人对任何能降低这些成本的服务都会感兴趣。

4. 可持续发展。环境影响是所有行业（包括医疗保健行业）日益关注的问题。促进可持续发展的良好实践可能会对该负责人产生激励效果，例如，减少浪费，使用环保化学品和工艺等。

5. 质量保证。确保洗衣流程在卫生和清洁方面符合医院纺织品安全标准至关重要。该负责人必须防止任何交叉污染或感染的风险。

6. 员工安全和士气。该负责人也会关心员工的安全和工作效率。使工

作场所更安全和提高员工士气的解决方案会非常有吸引力。

7. 技术进步。该负责人可能有动力跟进机械和自动化方面的最新技术，这些技术可以提高效率和质量。

在讨论你的环保服务时，要突出这些服务如何与上述关键领域相契合，特别是如何帮助该洗衣房保持合规性、提高运营效率和促进可持续发展。这种方法不仅有助于该负责人履行其职业责任，还符合他在工作中追求卓越并为医院更广泛的目标做出积极贡献的个人动机。

练习 34-2：利益相关者的动机分析

在这个练习中，你将探索利益相关者的个人成功标准及其动机。

1. 从现有销售漏斗中选定一个已安排挖掘需求会议的潜在客户，届时将有超过两位利益相关者出席。

2. 在下表中列出每位利益相关者及其职务。

3. 写下你认为的每位利益相关者的成功标准（动机）。

4. 就每位利益相关者的成功标准（动机）咨询 AI，并比较结果。

5. 根据你的研究和直觉，为每位利益相关者设计挖掘需求的问题。

利益相关者	职务	你认为的成功标准（动机）	AI 认为的成功标准（动机）	可揭示成功标准的挖掘需求的问题

在你完成挖掘需求会议前的调研后，你已经为之后的对话打下了良好的基础。你不仅了解了潜在客户的公司及其所在行业的情况，还可能掌握了与你会面的利益相关者的关注点和优先事项的线索。

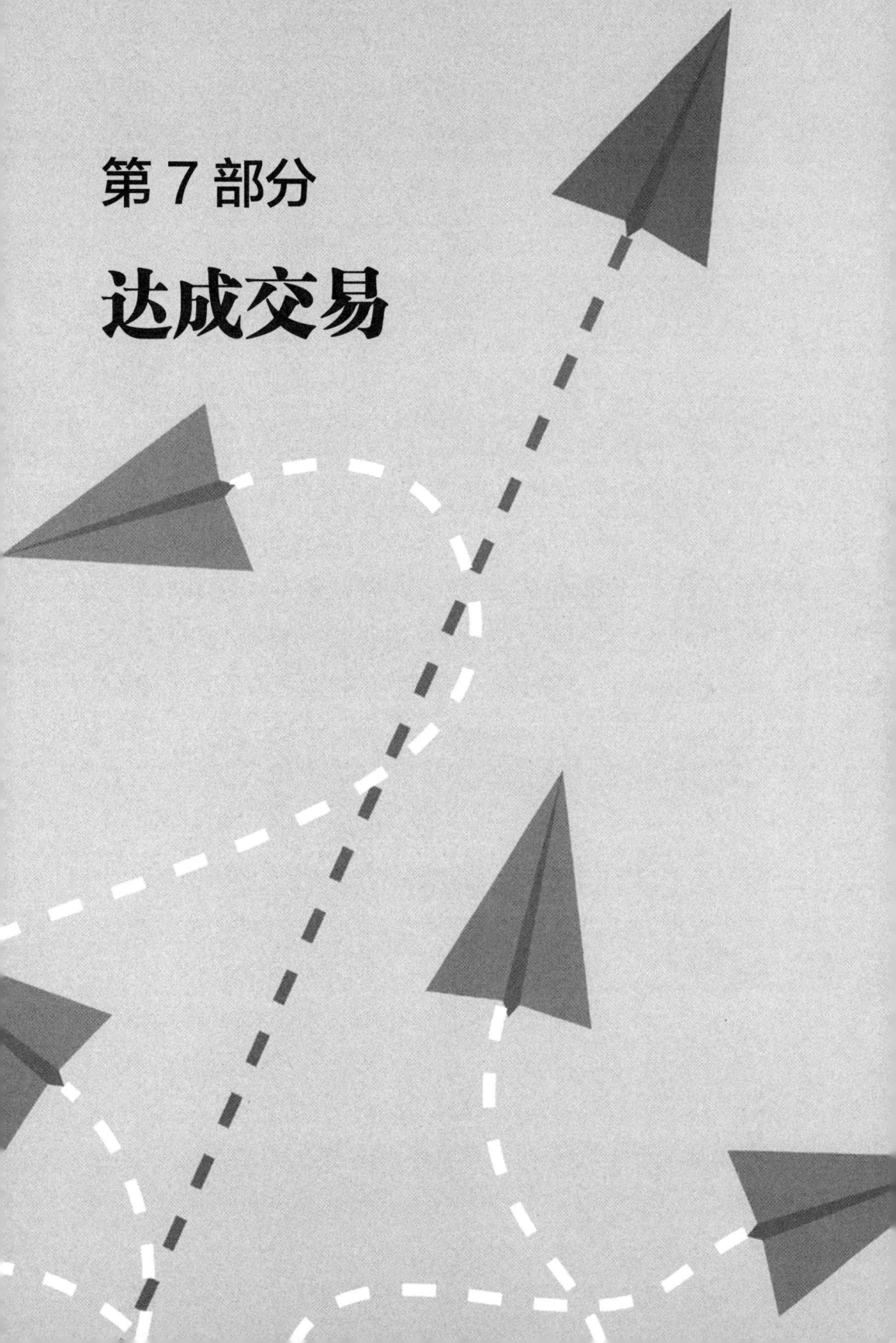

第 7 部分

达成交易

我经常告诫我的学生，不要被"人工智能"这一名称误导——其中并无半分"人工"之意。人工智能是由人类创造的，旨在模仿人类的行为，并终将影响人类的生活和社会。

　　　　　　　　　　　——李飞飞

第 35 章

竞争分析与异议预判

　　本书的核心目标是，帮助你使用 AI 来提高销售业绩。然而，如同任何技术工具或竞争手段一样，使用 AI 来提升决策效率和节省时间的竞争已然开始，每个人都可能因此占据优势，你的潜在客户、竞争对手也不例外。

　　例如，你的潜在客户在做购买决策时，可能使用 AI 将你与你的竞争对手进行比较。由此产生的结论可能导致潜在客户在最终演示阶段提出尖锐且具有挑战性的问题，这些问题可能使你措手不及，并在你试图达成交易时出现购买承诺方面的异议。

　　这是一个利益相关者可能用于研究的提示词示例："请从俄克拉荷马州中小型企业的视角，比较摩根大通与花旗集团这两家银行的优势和劣势。"以下是该提示词返回的内容：

摩根大通

优势：

1. **服务范围广**：摩根大通提供一站式金融服务，包括银行、贷款、投资和财富管理解决方案，能够满足中小型企业的多样化需求。

2. **品牌声誉好**：摩根大通作为全球规模最大、声誉最好的银行之一，能够为中小型企业提供强大的品牌公信力。

3. **网点覆盖广**：摩根大通的分支机构和自动取款机遍布全国，包括俄克拉荷马州，中小型企业可以方便地获得银行服务。

4. **技术和创新**：摩根大通在技术方面投入巨大，能提供先进的数字银行解决方案，能够为中小型企业简化财务管理。

5. **中小型企业专属服务**：摩根大通为中小型企业提供专门定制的服务，如商业信用卡、商户服务和薪资解决方案。

劣势：

1. **费用较高**：与小型银行或信用合作社相比，摩根大通的某些服务可能收费较高，这可能影响中小型企业的成本效益。

2. **个性化服务有限**：尽管摩根大通提供了广泛的服务，但其服务方式可能不如小型社区银行那样个性化，可能导致中小型企业获得的体验不够定制化。

花旗集团

优势：

1. **全球业务布局**：花旗集团在众多国家开展业务，为中小型企业提供国际银行服务、贸易融资和全球市场分析。

2. **创新解决方案**：花旗集团以其创新的金融产品和服务而闻名，包括数字银行平台和专业的商业解决方案。

3. **融资灵活**：花旗集团为中小型企业提供量身定制的多种贷款选择，包括信用额度、定期贷款和商业抵押贷款，有助于促进业务增长。

4. **多样化的产品组合**：花旗集团提供除传统银行业务之外的多种金融产

品，如投资银行、资金管理和贸易解决方案，以及风险管理服务。

5. **强大的品牌认知度**：与摩根大通类似，花旗集团在全球享有强大的品牌认知度，能够为中小型企业提供强大的品牌公信力。

劣势：

1. **网点覆盖有限**：虽然花旗集团在主要城市布局完善，但其网点覆盖可能不及区域性银行，这可能影响中小型企业的可及性，特别是在俄克拉荷马州的农村地区。

2. **产品和服务的复杂性**：花旗集团广泛的产品和服务可能带来复杂性，中小型企业可能难以在众多选择中找到最适合的解决方案。

3. **风险集中**：过度依赖像花旗集团这样的全球银行业巨头，可能使中小型企业面临与该银行全球业务、监管环境和市场波动相关的系统性风险。

AI 还可以将这些信息以易于理解的表格形式呈现，请看以下示例。

你：

你能帮我把这些内容以表格形式呈现吗？

ChatGPT：

当然可以，以下是以表格形式呈现的优势和劣势对比：

比较维度	摩根大通	花旗集团
优势		
服务范围广	✓	✓
品牌声誉好	✓	✓
网点覆盖广	✓	
技术和创新	✓	✓
中小型企业专属服务	✓	
全球业务布局		✓

续表

比较维度	摩根大通	花旗集团
创新解决方案		✓
融资灵活		✓
多样化的产品组合		✓
强大的品牌认知度	✓	✓
劣势		
费用较高	✓	
个性化服务有限	✓	
网点覆盖有限		✓
产品和服务的复杂性		✓
风险集中		✓

潜在客户（买家）使用 AI 进行调研已成为新常态。如果在方案演示或成交会议中，被有关自身竞争劣势的尖锐问题搞得措手不及，那就是你自己的问题了。因此，你最好也进行同样的调研，并提前准备回答难题和化解异议的话术。请从练习 35-1 着手落实。

练习 35-1：使用 AI 来分析竞争对手

如果潜在客户都在进行此类调研，那么你可以确信，那些精明的竞争对手肯定也会使用 AI 来找出并攻击你公司的业务短板。不要等到被逼入绝境才行动。请即刻着手分析每个竞争对手，对比它们相互之间，以及与你公司之间的关系。以下是一些供你参考的提示词：

- 概述[竞争对手]的网站内容。
- 简要描述[竞争对手]及其核心解决方案，列出其主要能力。
- [竞争对手]能解决什么问题？

- [竞争对手]的独特价值主张是什么？与市场上其他产品相比有何独特之处？
- 描述[竞争对手]的优势和劣势。突出显示关键劣势。
- 总结[竞争对手]常见的负面反馈（来自用户或客户）。
- 分析当前市场状况对[竞争对手]的影响。
- 比较这两家公司的优势和劣势：[竞争对手]和[你的公司]。
- 我是销售人员。我的竞争对手是[公司名称]。告诉我[竞争对手]的弱点，以及如何利用这些弱点。

回顾你在练习 35-1 中获得的信息，设计相应的问题和话术，以便在挖掘需求对话和方案展示过程中运用，巧妙且有条不紊地让潜在客户的利益相关者不再把你的竞争对手视为一种选择。

第 36 章

AI 助力提案

这是决定胜负的关键时刻。你已经完成了需求挖掘，正处于向利益相关者提交提案的销售环节。你知道还有两个竞争对手也在被考虑之列。

在你向关键联系人做完演示并提交提案后，可能再无其他机会影响交易了。这是一场只有一个赢家的高风险博弈，而你希望自己就是那个赢家。以下策略可以显著提高达成交易的概率：

- **为演示和提案做准备。** 在最终演示前，与关键联系人回顾你所了解到的情况，确认其核心关注点。在准备演示内容时，要针对关注点或话题。

- **检查你的工作。** 打开 PowerPoint 却发现上面的公司名称有错误（例如，公司名称未替换，还是上次演示用的），这很尴尬！如果你在这类事情上粗心大意，可能因为不够严谨而失去这笔生意。使用 AI 来检查你的文件，可以帮助你发现这些错误。

- **回顾你的笔记。** 回顾你在挖掘需求过程中做的笔记。如果你用 AI 做了笔记，也要仔细阅读。要使你的提案具有个性化且切中要点，你需要的宝贵信息就在这些笔记中。AI 笔记分析技术对于制作提案来说绝对是个变革因素。

- **争取最后演示。**最后演示的优势在于你能拥有最终发言权。这一策略还能让你有机会询问关键联系人，了解到目前为止他觉得哪些内容有趣或有吸引力。我曾经失去了一个大客户，因为竞争对手提出了一些在我的需求挖掘对话中从未出现的内容。

- **人员配置。**如果客户一方有 5 个人，你可以安排相同数量的人员。为了保持平衡，你可以让主题专家或其他能够回答问题并增强己方实力的人员参与对话。但不要过度配置人员。我们合作过的一个销售团队在一次会议中派出了 9 个人，而客户方只有 2 个人。客户觉得销售团队派来 9 个人有点小题大做，于是选择了其他方案。"威慑"可不是获胜策略。

- **团队销售。**你和同事需要为演示进行练习。尤其要练习将演示交接给团队的一个成员，然后再交接给下一个成员。我们在团队销售中遵循的一条规则是，永远不要反驳你的团队成员。

- **通过制胜提案赢得交易。**在当今竞争极其激烈的销售环境中，你能否撰写有见地的、个性化的且视觉效果惊艳的提案和业务论证，并将潜在客户的问题与你公司的解决方案联系起来，可能决定了你能否达成交易，特别是对于业务复杂的大型客户。

撰写提案很烦琐

现代买家在你的销售流程中投入了大量精力（回答问题、提供信息以及全程观看演示），他们期望获得高度契合其业务场景的个性化提案。然而，大多数提案不过是通用营销宣传资料的堆砌。

对于大多数销售人员来说,撰写提案是一个烦琐、耗时的过程,是有着行政负担的苦差事。你必须在过时的数据库中搜索合适的案例研究和营销内容,在网上搜索关于潜在客户的公司和行业最新情报,操作笨拙的价格计算器,查询库存单位(SKU)目录,花费无数小时来精心调整格式、布局和设计,同时还要勉强采纳其他内部利益相关者的反馈。

当你在寻找潜在客户、进行演示、处理客户支持问题和跟进 CRM 中没完没了的待办事项时,撰写高质量提案的事往往就被搁置一旁了。由于需要如此多的前期准备工作,难怪大多数销售人员满足于使用通用的、满是错别字且毫无吸引力的模板来撰写提案,很显然,这样的提案无法引起利益相关者的共鸣。

AI 提案引擎

那些充分利用 AI 功能来简化工作和提升提案水平的人将获得强大的销售优势。先进的 AI 模型和平台正在迅速将提案从枯燥、毫无生气的静态演示转变为沉浸式的多媒体动态演示。AI 还大幅减少了前期所需的时间和精力,让你有更多时间来巩固与利益相关者的关系。

包括 PandaDoc、Proposify、Beautiful.ai 和 Qwilr 在内的前沿 AI 提案生成平台,以及 Canva 和 Prezi 等创意平台,能够自动生成精美且定制化的提案。这些平台中有许多都可与 CRM 系统集成,通过调用 AI 算法来生成提案模板,根据潜在客户的数据推荐内容,并优化布局和设计以达到最佳效果。

这些 AI 平台能让你打造出沉浸式的多媒体提案,融合了视频、图形、数据可视化等元素,而不是枯燥、毫无生气的文件。它们能帮助你构思引人入胜的叙述,使你的价值主张栩栩如生。

AI 提案的未来图景

AI 非常擅长从各种可能的来源获取和整合信息，包括外部网站、商业智能工具、CRM、社交媒体、新闻报道、专有数据库、分散的内部知识库、数据服务供应商，以及来自挖掘需求对话中的线索。很快，AI 将通过融合所有这些不同的输入信息，对每位潜在客户形成多维度的、情境化的理解。

在销售领域，AI 的终极目标是使你能够快速撰写精致的、高度个性化的提案和招标书（RFP）的回复，使其契合每位潜在客户的独特情况。在不久的将来，你的 CRM 将利用 AI 来使提案撰写流程的每个阶段都实现全自动化（或将流程进行简化）。

你只需要付出极少的精力，AI 就能自动生成完全定制化的叙述内容，将你的产品定位为应对潜在客户特定目标、挑战和情况的完美解决方案。AI 将调整提案的内容、术语和语气，使其与特定利益相关者群体的思维和表达方式产生共鸣，从而使你从竞争对手中脱颖而出，提高获胜的概率。

第 37 章

完成销售

你全力以赴地争取有潜力的潜在客户，并娴熟地引导他们完成顾问式销售流程。坚持不懈的准备工作最终形成了一份引人注目、极具说服力的个性化提案，清晰地阐述了你的解决方案能为潜在客户的特定需求带来商业价值。

此刻，你已经来到了成败攸关的关键阶段——在潜在客户可能提出异议、疑虑或价格争议中完成签约，真正达成交易。对于许多销售人员来说，这是最令人紧张的阶段，那些看似十拿九稳的商机可能在最后一刻功亏一篑。

要自信地展示完美的业务论证，妥善应对棘手问题和异议并消除利益相关者的担忧，协商条款和条件——当人类的偏见和恐惧与你在这些方面的技能短板叠加时，所有这些都会变得异常困难，甚至可能导致本可赢得的交易化为泡影。而 AI 正是扭转局面的关键赋能者，它通过精准调整成交策略，来帮助你达成更多交易。

统一商机情报

尽管企业在 CRM、销售赋能工具、数据和业务智能化，以及销售互动平台上投入了大量资金，但由于这些系统无法在交易层面共享信息，仍存在一个根本性的成交情报缺口。

这种脱节导致销售人员无法全面了解影响特定交易成交概率的所有因素，以及最佳的成交路径和选择。不过，这种碎片化的认知问题正通过 AI 驱动的情报获取和预测能力得到解决。

在不久的将来，内置于 CRM 的 AI 将可以分析与每个销售漏斗中的商机相关的内部和外部信号（从利益相关者互动、竞争威胁到成交概率评分和异议处理建议）。AI 将把这些分析整合至交易策略手册，让你全面掌握影响交易（即将达成）的所有因素。

在整个销售过程中，AI 将不断重新分析商机并更新单个交易策略手册。这将使你在成交会议中占据优势，以自信和笃定的姿态应对谈判，彻底告别患得患失的被动局面。

预测成交计分卡

在绝望、急躁或执念等负面情绪的驱使下，太多销售人员倾向于将时间和精力浪费在那些毫无成交可能的糟糕交易上。

这些交易分散了销售人员的时间和注意力，使他们无暇顾及更好的商机。然而，尽管迹象明显，许多销售人员仍执迷不悟或浑然不觉地继续推进流程，在那些永远不会成交的潜在客户身上浪费了大量时间。遗憾的是，结果可想而知，这些销售人员都以失败告终。

当你感到绝望时，很容易卷入本不该参与的交易。在投入了大量时间和精力后，要放弃糟糕的交易是很困难的。一旦你投入了，沉没成本谬误会让你忽视概率，并在一个注定失败的交易上投入更多时间。

你的竞争天性滋生了执念。乐观和过度自信的偏见会遮蔽客观性，使你自欺欺人地认为自己能够达成别人无论如何都无法达成的交易。

在《指环王》中，咕噜（Gollum）因紧紧握着他视若珍宝的魔戒，喃喃自语"我的宝贝"而闻名。他对魔戒的情感依恋如此强烈，以至于最终为其丧命。这与许多销售人员紧紧握住那些永远不会成交的商机的情形惊人地相似。纵使销售经理强行把他们从这些失败交易中拽出来，但销售人员仍会一次又一次地回到他们的"宝贝"身边，仿佛被某种强大的魔力所牵引。

目前，CRM 正在集成的最具潜力的 AI 功能之一就是，能够在任何给定的交易阶段准确预测成交概率，而非仅凭直觉或传统的预测方法（可能受人类偏见或滞后指标误导）。

通过分析企业内类似交易的历史成败结果，AI 可建立基准模型，识别出最终决定交易成败或停滞的关键预测因素。这些因素涵盖竞争态势、价格敏感度、利益相关者的意图和参与动态等。

随后，AI 会根据这些预测模型实时评估每个正在进行的交易的独特情况，并提供建议。这些数据将帮助你在如何、何处以及与谁共事上做出更优、更客观的决策。同时，它也可以提出战略和战术调整建议，以有效提高成交概率。

"扼杀式评估"与成交场景

我曾共事过的一位非常出色的销售经会和我们一起对销售漏斗中的每笔重大交易进行一种演练。我们会聚在一个房间，推演每个可能导致交易失败的场景。

　　这并非泛泛而谈的高层讨论。我们会深入细节，亲手"扼杀"一笔交易（"扼杀式评估"）。没有什么是不容置疑的。每位利益相关者、潜在陷阱、竞争对手，以及我们自身的弱点都可能成为交易失败的"元凶"。

　　这种通常由我和几位同事一起进行的演练很痛苦，有时还有点令人尴尬。"扼杀式评估"暴露了我们的认知盲区、过度自信、警惕性不足、验证偏见、弱点和知识漏洞。当你意识到自己因畏惧（负面情绪）而不敢提出尖锐问题，导致遗漏重要信息时，这种直面现实的感觉往往令人无地自容。

　　在不久的将来，AI 将成为"扼杀式评估"会议不可或缺的一部分。就像 IBM 的国际象棋超级计算机每秒能评估多达 2 亿个可能的棋局和走法一样，AI 将能够在你参加任何成交会议前，生成多个交易结果场景。

　　通过分析具体的交易细节、利益相关者动态、竞争对手定位等，AI 可以预测不同的成交策略可能产生的不同结果，以及对赢得交易或保障利润的概率会产生怎样的影响。

　　研究这些场景将帮助你判断是否有必要继续跟进某个销售漏斗中的商机，让你在成交会议前针对多种场景进行练习和准备，或者在你还有时间影响最终结果时，对销售"棋局"的布局做出调整。

运用 AI 模拟器演练成交场景

　　成交会议如同一个情绪的大熔炉，在其中，不自信者会失败，自信者才能取胜。这正是"扼杀式评估"会议如此重要的原因。通过演练各种场景，你能做好充足的准备，无论会议如何进展，你都能保持自信。

　　新一代 AI 模拟器是极其强大的工具，能帮助你演练和准备与潜在客户的成交会议。这些模拟器和教练工具不仅是独立的软件，而且还迅速被集成至学习管理系统、数字学习平台（如 Sales Gravy University）和 CRM。

如果你还没有体验过 AI 销售辅导，不用着急，你很快就能体验到了。通过 AI 模拟，销售人员能在无风险的情况下，对达成交易等高风险场景进行逼真的演练。AI 辅导和模拟演练能帮助你以更自信、准备更充分的状态进入实际的成交会议，并掌握达成交易的策略。接下来，我们将讨论 AI 模拟器帮助你准备成交会议的一些关键方式。

模拟与潜在客户的互动

AI 可用于模拟极其逼真的成交会议。AI 扮演潜在客户（买家）的角色，具备自己的个性特征、异议、谈判策略和目标。你可以练习整个成交演示，并从 AI 那里获得关于你如何呈现价值、处理异议和谈判的实时反馈。

AI 对话练习与辅导

AI 使你能够通过逼真的语音互动进行对话练习。AI 扮演潜在客户的角色，提出销售人员经常遇到的常见问题。当你回应时，AI 可以提供动态反馈，例如，建议更好的方式来重新表达价值主张，推荐可参考的证据点，或者给出提高情商的技巧以建立更融洽的关系。

数据驱动的辅导

通过分析之前成功（和失败）的成交会议记录，AI 可以建立绩效基准，并识别与达成交易相关的关键行为。然后，AI 可以在呈现解决方案、语调变化、肢体语言和处理异议等方面对销售人员进行辅导。

虚拟成交助手

通过沉浸式、多模态的虚拟成交助手，越来越多的成交情报被提供给内部销售人员。在进行视频或电话成交会议时，你的 AI 助手会加入会议，自动转录会议内容，并对潜在客户（买家）的情绪变化和谈判僵局进行评分。然后，它会提供实时辅导，帮助你调整策略。

AI 驱动的智能对话可分析不断变化的语音线索和行为信号，即时推荐最佳的销售心理学技巧、异议处理方法和谈判角度。AI 就像一个无处不在的虚拟教练，在你与潜在客户交流时提供建议。

例如，虚拟成交助手可能通过提示给出一个预测性的见解："鉴于对方提出对价格竞争力的担忧，如果你感觉交易风险在增加，我建议提及我们的折扣订阅试点方案。我会准备好相关内容供你一同演示。"有了这种 AI 指导，你就可以主动应对潜在的异议，减少交易中的摩擦。

最后，在成交会议结束后，AI 会分析会议的各个方面，以确定优势、劣势、错失的机会和经验教训。这些见解可以进一步调整和完善你个人的成交、异议处理和谈判策略，为未来的成交会议做好准备。

基于你的成果进行持续学习，有助于你的 AI 助手随着时间的推移变得更聪明，并针对你独特的销售风格进行更优化的调整。

第 38 章

案例研究和社会认同

社会认同是一种心理现象，人们往往会倾向于仿效他人（尤其是同属一个群体、社区，或者有着相似兴趣和背景的人）的行为模式。

在销售领域，应通过社会认同带来的这种行为偏差，来影响潜在客户的购买决策。社会认同在推动购买决策方面极具影响力，主要有以下几个关键原因：

- **群体智慧**。人们认为，如果某产品或服务广受欢迎且被许多人采用，那它必然具有内在价值。在不确定的情况下，我们更相信"群体智慧"，而非个人判断。

- **错失恐惧**。看到别人从某产品中获益，会引发错失恐惧。客户通常不愿落后于已采用该解决方案的同龄人。

- **权威背书**。受尊敬的专家、名人、有影响力的人或企业的推荐会营造出一种可信度。我们更倾向于追随所钦佩的权威人士的选择。

- **社会归属感**。从本质上讲，人类有一种核心需求，即融入相似群体。购买社交圈同款商品，能满足这种归属需求。

- **风险规避**。跟随他人的选择能降低陌生购买决策的风险感知。相似群体的成功案例会增强新解决方案的可靠性。

本质上，社会认同提供了一种心理捷径，使客户能通过仿效他人选择来跳过冗长的决策流程。这种社会认同能消除购买决策中的不确定性和疑虑。

善用客户评价和案例研究等社会认同策略的销售人员，能够利用这些心理学原理来提高成交的概率。

案例研究的内容生成

AI 可以帮助你为销售提案打造有说服力且个性化的案例研究。通过合适的提示词，AI 能够自动生成针对特定潜在客户的案例研究的核心内容。一些有效的提示词包括：

- "撰写一个有关[你的公司]如何通过在[潜在客户所在行业]实施[你的解决方案]来帮助[潜在客户公司]实现[关键目标或应对挑战]的案例研究。"
- "撰写一个简短的案例研究，重点突出[现有客户]在部署[你的产品/服务]以解决他们的[痛点]后所取得的关键成果。"

要有效地使用这些提示词，你需要向 AI 提供以下信息：

- 有关你的解决方案/产品的详细信息。
- 潜在客户/客户所在行业的背景、面临的挑战、痛点和目标。
- 客户在采用你的解决方案后所取得的关键绩效指标或成果。

随后，AI 可以生成初稿，将你提供的具体信息整合成引人入胜的案例研究。接下来，你需要对案例研究进行编辑和完善，使其成为提案中的定稿文案。

案例研究的个性化和框架化

AI 可以分析潜在客户所在行业的表达风格、术语体系、信息架构、内容偏好，以及利益相关者的特征。然后，它能够自动调整案例研究的措辞、术语和结构，以更好地引起共鸣。有效的提示词包括：

- "使用最能与[医疗保健/金融服务等]行业高管产生共鸣的典型语言和信息框架，来改写这个[案例研究]。"
- "调整这个[案例研究]的顺序、标题和行文流程，使其符合[潜在客户公司]的标准招标书（RFP）回复格式。"

多媒体案例研究的增强

AI 可以指导多媒体案例研究的素材（如图形、视频、数据可视化等）编排。这使 AI 能够打造沉浸式的多媒体案例研究，其辅助工作不再局限于文本增强。有效的提示词包括："针对[潜在客户公司]的业务特点，推荐 3~5 个相关的表格、图形或视频，以使这个[案例研究]在视觉上更具冲击力。"

第 39 章

合同、法务和条款

你的最终演示大获成功，你的表现极其出色。利益相关者团队已口头同意签约，现在只剩下文书工作了。当然，这正是烦琐工作的开始。你需要法务团队进行审核，要面对可怕的内部审批流程，而且，客户还坚持使用他们的合同模板（一份 80 多页、用 8 号字写的合同模板）。真是令人头疼！

说真的，我讨厌这些"该死的"合同。对我来说，阅读合同简直是一种折磨。不过，律师们并非等闲之辈，他们往往希望你在未完全理解条款的情况下签署协议。因此，你必须保持警惕，必须仔细阅读合同。比起阅读合同，我更讨厌出现意外情况。

这些合同中的大部分内容都基于模板，但在通读整份合同之前，我会重点关注几个方面。我会用 AI 来分析这些条款，因为有些条款会过于偏向一方，一旦发现这样的条款，我就没必要再往下读了。为此，我会使用 ChatGPT。通过上传 PDF 格式的合同，我只需要让 ChatGPT 查找某些特定的词和短语，就能快速定位关键条款。

- **赔偿条款**。赔偿条款可能要求你的公司承担因你方导致客户损失或损害的费用。有些赔偿条款甚至要求你在客户有过错的情况下也要对其进行赔偿。这被称为风险转移。你要寻找那种有对等赔偿的赔偿条款，即如果客户因故意或过失行为对你方造成损害，客户同意向你方赔偿。

- **付款周期条款**。你可能看到要求 90 天或 120 天的付款周期。你肯定不想在等待客户付款时"挨饿"，而客户拿着本应支付给你的钱存在银行赚取利息，所以你可能需要进行协商，将付款周期改为 30 天，或者提高价格以弥补客户占用你资金的成本。通常，公司规模越大，账单金额越高，付款周期就越长。

- **争议解决条款**。也许你们不得不对簿公堂，但我希望你们不要走到这一步。最好有一个条款允许你或客户有 30 天时间来解决争议。你的法务团队可能倾向于通过仲裁来解决争议，也可能不同意仲裁。在查看争议解决条款的内容时，让 ChatGPT 告诉你如何终止合同以及终止合同后的后果。你可能需要继续为客户服务 90 天，但客户可以随时终止与你的合作。

- **综合义务条款**。让 ChatGPT 列出合同中你方需要为客户履行的所有义务。你可能发现你的团队需要向客户提供许多报告或满足很多其他要求，这将影响你的服务团队和运营团队。合同中越来越常见的一个条款是允许客户对你的公司进行审计。你需要提前发现这类要求。

AI 能更快地阅读合同

当确定公司无法接受某些不平等条款（如单方责任赔偿条款）时，使用 AI 检索合同条款的效率，远高于人工翻阅如《战争与和平》（1000 多页）般冗长的法律文件。

当销售经理或团队成员询问有关合同的问题时，AI 可以帮你快速找到答案，节省大量时间。以下是一些供你参考的提示词。

- 合同审查提示词（简化版）："请提供这份合同中的赔偿条款、保险条款和付款周期条款。"
- 合同审查提示词（详细版）："假设你是众达律师事务所最成功的合同律师。请找出这份合同中任何可能需要协商的条款并提供解释，同时提供一个更公平的替代条款。"
- 我方责任的提示词："请对这份合同进行全面审查。重点标出所有相关方的关键承诺、义务和要求。包括合规所需的任何具体步骤或行动，无论其规模或范围如何。重点关注服务条款、付款周期条款、责任、保密条款、法律合规、保险要求、赔偿条款、知识产权、报告义务，以及其他特殊条款。同时，详细说明合同中提到的与特定角色或任务相关的任何程序和要求，或者其他行业特有的责任。"

优化措辞

温斯顿·丘吉尔说过，外交就是告诉某人下地狱，还能让他对这趟旅程满怀期待。当你与潜在客户就合同进行谈判时，尤其是书面形式的谈判，你需要运用"外交手段"和沟通策略。

由于合同谈判可能变得情绪化，找到恰当的措辞会很困难。这正是 AI 的优势所在。在向潜在客户发送任何内容前，将你写好的（或你打算说的）内容粘贴至各种 AI 工具（推荐 Claude.AI），然后通过提示词指导 AI 使其措辞更具外交性，并删除任何可能冒犯对方的词语或段落。

第 40 章

AI 将 CRM 变成战略伙伴

这是一个残酷却常被忽视的现实：在你的销售工具箱中，没有什么工具比 CRM 对你的长期收入流更重要、更具影响力了。没有。不管你销售什么，这一点都不会改变。一个运维得当、持续更新的 CRM 就如同永不枯竭的金矿，能持续创造价值。

在销售领域的 AI 革命之前，当你抛开所有技术因素后，CRM 只是一个基于软件的文件系统，它能让你更轻松地管理和获取信息，因为它只做一件非常简单的事：帮你记住重要事项，并在适当的时候提醒你。

你在快速行动时，偶尔会忘记一些事情。由于在销售中细节决定了成败，所以 CRM 是一个必不可少的战术工具，它能防止因疏忽而丢单。

AI 赋能后的 CRM

现在以及未来，CRM 将继续扮演战术工具的角色，同时还将成为提升成交率的"战略武器"。如果运用得当，它将为你带来决定性的优势。

在不久的将来，AI 将深度融入 CRM 平台，使之成为销售团队和销售人员至关重要的 AI 枢纽。你与 AI 的日常交互几乎都将集中于此。

AI 赋能的 CRM 将使销售工作变得无比轻松。它将在幕后工作，收集并分析你和其他销售人员输入的信息，以及从内部和外部来源获取的数据。有了这些信息和数据，你将能够：

- 每天都能获得为你量身定制的、高度精准且合格的潜在客户名单。
- 更有可能在恰当的时间（购买窗口期）以合适的信息触达合格的潜在客户。
- 设计更具吸引力的营销信息，促使利益相关者愿意与你洽谈、推进流程并从你这里购买产品或服务。
- 利用企业内的赢单/丢单数据，创建能击败或排除竞争对手的成功业务论证和提案。
- 获取最新的竞争对手信息。
- 以动态的价格、灵活的条款和条件进行销售谈判。
- 获得有关利益相关者的参与度、成交概率变化，以及交易机会和风险的信号。
- 在参加成交会议或谈判前，演练并准备多种场景和应对异议的方案。

……

这或许是 AI 改变销售人员职业生涯最令人振奋的方式。你从数据中获取的见解越多，就越容易评估和理解潜在客户和竞争对手。

我们拥有比以往更丰富、更优质的数据，但获取和使用这些数据（尤其是用于销售）始终是项巨大的挑战。这正是 AI 将彻底改变游戏规则之处。练习 40-1 可帮助你将 AI 赋能的 CRM 视为促进销售的战略伙伴。这无疑是行业的福音。

练习 40-1：探索 AI 的集成方式

即刻放下本书，打开你的 CRM。花 30 分钟探索已内置在 CRM 中的 AI 功能。练习并探索每项 AI 功能，思考如何利用这些功能来改进和提升你的销售策略。

CRM 中内置的 AI 功能	你如何利用这项功能来获得优势？

垃圾桶还是金矿

现在来说说不太好的消息。回顾一下机器人规则二：输入垃圾，输出垃圾。尽管 AI 作为战略伙伴有着广阔的发展前景，但如果它学习和处理的数据存在缺陷或不完整，它就无法给你带来优势。

在过去的 30 年里，企业领导者一直对销售人员将 CRM 当作垃圾桶而非金矿的观点感到恼火。通话记录不录入，客户评估和档案数据不完整或未及时更新。这种对细节的忽视破坏了数据库的价值和完整性，使一线销售人员和整个企业都处于劣势。

这些领导者甚至威胁要扣发佣金，解雇那些不向 CRM 录入信息的销售人员。销售部门到处都流传着这样一句话："如果没录入 CRM，那就相当于没发生过。"但这些都无济于事。大多数现代 CRM 都充斥着垃圾数据，如同散发着恶臭的垃圾桶。

　　收集信息与评估客户资格才是管理和建立数据库的真正价值所在。随着时间的推移，通过坚持不懈地开发和调研潜在客户，你将逐渐获得清晰的视图，帮助你充分评估商机。你将了解关键决策者和有影响力的人、潜在客户的采购需求和采购量、竞争对手的情况、可能的触发事件，以及购买窗口的开启时间（最重要的信息）。

　　AI 将通过以下方式丰富你输入的数据（你实地获取的业务情报）：在线资源、像 ZoomInfo 这样的数据提供商、从持续分析公司其他销售人员的输入中收集的信息。想象一下，利用整个销售团队的集体智慧将有着怎样的战略价值！

　　建立强大的数据库就像完成拼图。这需要时间和大量工作，有时甚至看不到明显的回报。关键在于要保持信念，并认识到小胜利的累积价值。我经常听到销售人员抱怨某次通话不顺利，却忽略了他们获得的关于某位决策者的一小条信息，而这条信息正是客户档案中新增的一块"拼图"。

　　在建立 CRM 数据库时，我们的理念很简单：将与每个客户、每次互动的所有细节都录入 CRM。做好清晰、完整的记录。不要拖延，不要走捷径。养成第一次就把事情做好的习惯，随着时间的推移，你会得到可观的回报。

　　当然，AI 和自动化工具将在帮助你更轻松地将信息录入 CRM 方面发挥更大的作用。许多这类功能整合已经存在并得到不断完善。然而，无论如何强调都不为过的是，在 AI 时代，你不能设置好参数后就不管了，然后期待得到最好的结果。你必须真正掌握 CRM！

掌握 CRM

　　在我的公司，有位销售人员只工作了 9 个月，这家伙很有才华，也很会销售，但其销售漏斗中的商机总是不足，离完成销售指标还差得很远。当我们深入了解情况后，震惊地发现他在职期间仅登录过一次 CRM。结局虽令人唏嘘却无可挽回：我们最终解雇了他。

一些销售人员看不到 CRM 对自己的价值。他们的销售经理催着他们更新 CRM，但在他们心里，他们认为这是在为公司做事，而不是为自己做事。这是心态问题。这些销售人员认为自己"在为别人打工"。

相反，高收入的销售人员知道他们是在为自己工作。因此，他们愿意投入精力管理 CRM，因为这能让他们赚钱。

如今，有了 AI 的助力，全公司在 CRM 方面的统一执行力将为团队中的每个成员创造巨大的竞争优势。

要让 CRM 成为一项战略资产，就得先摆脱《1984》式的被迫害妄想，CRM 既非监控你的"老大哥"，你的经理也不是秘密警察，而你也绝不是那个在体制压迫下苟且偷生的温斯顿·史密斯。

我们可以高谈阔论，反复说教，也可以警告你不这样做的后果，还可以解释这样做的好处。但在 AI 时代，只有一个人能激励你充分释放 CRM 的力量，只有一个人能日复一日持续录入和维护高质量的数据，那个人就是你。你必须掌握 CRM！

如果你不掌握它，正在融入 CRM 的 AI 就无法为你所用。掌握 CRM 意味着：

- 负责维护 CRM 数据库的完整性——及时录入数据并更新数据。
- 不要等到经理对你大喊大叫时才想起来更新记录。
- 在销售对话后花时间记录笔记——无论是人工记录的还是 AI 生成的。
- 将新的潜在客户录入 CRM，而不是揣着一口袋从潜在客户那里要来的名片。

- 花时间反复尝试并运用在线学习工具来掌握 CRM 的使用方法，不要抱怨自己不会用。
- 学习并掌握已整合至和即将整合至 CRM 的 AI 工具。

在 AI 时代，优秀的销售人员应该与 CRM"形影不离"，你应该全身心地投入其中。

练习 40-2：掌握 CRM

请回顾你当前的 CRM 使用情况。然后，列出你希望进行的承诺、调整和行动计划，以提高 CRM 的管理能力。

CRM 需要改进的领域	你的承诺、调整和行动计划

后记

销售的未来

我相信 AI 将成为我们的合作伙伴。

——孙正义

这里展现了 AI 在销售领域应用的场景

5:30 AM

阳光洒进卧室，阿曼达缓缓睁开双眼。"早上好，阿曼达，"克莱奥用温暖且自然的声音向她问好："今天，我为你安排了满满的销售活动。我已根据潜在客户和客户的网站、新闻稿、博客、新闻报道、美国证券交易委员会的文件和社交媒体上的最新动态，更新了 CRM 中所有客户的记录。我还想提醒你，你的客户韦克斯快递公司新任命了一位 CMO。"

阿曼达是美国第一大广播电台、广告业巨头 iHeartMedia 公司的高级广告客户经理。她在这家公司工作了 20 年，见证了无数变革。媒体和广告行业的变革本是常态，但随着 AI 日益融入日常的销售工作，变革的速度还是令她有些始料未及。

"谢谢你，克莱奥。"阿曼达边煮咖啡边回应。她指尖轻划平板，审阅着克莱奥精心准备的会前简报，该简报揭示了每位客户的商业生态、营销策略、利益相关者的简介、对 iHeartMedia 公司广告服务的潜在需求，以及一系列要在挖掘需求会议中探讨的问题。

阿曼达回想起过去，那些烦琐的工作历历在目，光收集这些信息就需要花费数小时的时间。现在，她的 AI 销售助手克莱奥在几秒钟内就能完成这些工作。想起当初对 AI 销售工具的抵触情绪，阿曼达不由莞尔。她承认，那份抵触源于对技术变革的焦虑，担心自己跟不上变革的速度而被 AI 取代。

阿曼达一边饮着咖啡，一边轻松浏览经过 AI 优化的日程表。AI 不仅能管理她的约会安排，还能分析双方的行为模式，为她推荐联系潜在客户和客户的最佳时间。

7:00 AM

在前往办公室的路上，克莱奥回顾了当天的关键任务和截止日期，并提醒阿曼达："我已经查看了你的收件箱，有 3 封电子邮件你需要立即回复。你希望我读给你听吗？"阿曼达同意了。在读完每封电子邮件后，克莱奥提出了回复邮件的建议。当阿曼达到达办公室时，她已经处理了收件箱中的紧急邮件，并向客户发送了几封后续沟通邮件。

7:45 AM

阿曼达刚在工位落座，销售团队的办公室里已是一片繁忙景象，团队正在为上午的潜在客户开发会议做准备。她打开笔记本电脑，映入眼帘的是个性化的 CRM 仪表盘。克莱奥已经整理了一份高质量的潜在客户沟通名单，其中突出显示了相关见解和数据，以及能引起潜在客户共鸣的相关原因。

自从克莱奥开始编制她的潜在客户列表以来，阿曼达在潜在客户开发会议中信心大增。克莱奥很善于精准识别阿曼达每天应该联系的潜在客户。现在，阿曼达不再遭遇拒绝和失败，而是把时间花在那些对 iHeartMedia 公司解决方案显露出强烈购买意向的合格潜在客户上。她的销售漏斗中充满了商机，销售业绩也比以往任何时候都好。

阿曼达戴上耳麦的瞬间，克莱奥的智能辅助系统即刻激活。在通话过程中，克莱奥专注倾听，分析对方的语气、情绪和关键词，并提供实时指导和处理异议的建议。

阿曼达与三位合格的潜在客户安排了首次会面，克莱奥负责发送日历邀请并为跟进电子邮件提供建议。当一位潜在客户接受会议邀请时，阿曼达会心一笑，她知道克莱奥早已准备好了有关该潜在客户面临的挑战和潜在痛点的详细资料。

9:30 AM

"嗨，珍妮特，今天感觉如何？" 在完成主要的潜在客户开发后，阿曼达转换了工作重点，登录虚拟会议与俄勒冈州 Coyote Run Creek 酒庄的 CMO 珍妮特·埃文斯进行挖掘需求会议。

阿曼达仍惊叹于如今她能花这么多时间与潜在客户和客户进行实际交谈。这是她在工作中最享受的部分。回想过去 70%的销售时间都耗费在行政事务上的日子，与现在 AI 全权代劳的情景相比，简直天壤之别。

在与珍妮特的会议中，克莱奥会智能呈现潜在客户的背景资料，并在后台倾听珍妮特对阿曼达的回应。克莱奥会分析珍妮特的声音线索、情绪线索和行为信号，并为阿曼达提供实时指导，让她调整语速、语气和语调，以更好地适应珍妮特的沟通风格。克莱奥还为阿曼达建议提问的内容和回应珍妮特问题的方式。

阿曼达还记得她最初在电话和视频销售会议中使用动态 AI 指导时的情景。她当时觉得 AI 指导非常分散注意力。但现在，这就像她的第二层肌肤一样自然。她很喜欢目前的合作方式，AI 能够快速识别利益相关者的沟通风格（如分析型、建立共识型、激励型、指挥型等），这使她能无缝调整自己的风格以匹配对方。

尽管在面对面会议中阿曼达无法将克莱奥当作教练，但她发现克莱奥在虚拟会议中提供的指导对自己有很大帮助，在与客户面对面交流时，她变得更敏锐，能够更自如地调整细微的沟通风格。尽管这听起来很疯狂，但 AI 确实帮助她成为更好的自己！

与珍妮特的会面很成功。阿曼达获得了下一步的承诺，即向珍妮特及其营销团队的主要成员提交春季营销活动的提案。克莱奥记录了会议内容，并在 CRM 中更新了珍妮特的客户档案，包括她的目标受众定位和媒体预算参数。随后，克莱奥向珍妮特发送了会议摘要，并附上了下次会议的日程邀请。

"克莱奥，请为 Coyote Run Creek 酒庄拟定一份提案草案，好吗？"阿曼达指示道："我希望你进行多次模拟，根据 Coyote Run Creek 酒庄的预算，预测不同渠道组合下的受众覆盖范围、预期曝光量和投资回报率。"

10:15 AM

阿曼达花了 30 分钟处理 AI 电子邮件收件箱和内部 Teams 频道。随着时间的推移，克莱奥已经掌握了阿曼达的工作模式，并按照她喜欢的方式无缝整理她的收件箱。

阿曼达对克莱奥模仿她的语气撰写邮件和进行沟通的能力感到惊讶。经过几个月的磨合，克莱奥现在总能提前预判她会如何回复电子邮件。过去，她常常要花数小时处理电子邮件，如今，在克莱奥的帮助下，她通常可以在15 分钟或更短的时间内处理完收件箱中的所有电子邮件。

11:00 AM

在与 BritCorp 公司的营销总监们进行的成交会议上，克莱奥制作了一个视觉效果惊艳的演示文档，生动地展示了 iHeartMedia 公司跨渠道的传播优势。当阿曼达介绍营销活动的流程时，克莱奥的自然语言引擎捕捉到了所有反馈，并根据他们的意见对提案内容和媒体排期进行动态优化。

在会议期间，阿曼达使用 AI 工具在几秒内生成了播客广告样片，这让BritCorp 公司的团队惊叹不已。这种实时协作并就营销内容达成共识的能力，使得当场成交成为可能，这比传统的销售流程缩短了数周。

在会议结束后，阿曼达正准备庆祝了一番，克莱奥的祝贺如期而至："阿曼达，拿下 BritCorp 公司这笔单子干得漂亮！这可是一份价值 28.5 万美元的年度合同，我已将其录入你的销售漏斗。另外，我还在 Salesforce 中将商机阶段改为'已成交'，更新了预测数据，并通知了你的团队。"

12:30 PM

阿曼达在办公桌前快速用完午餐，审阅着克莱奥为下午 1 点与 LocSoft 公司 CEO 林赛·贝克汉姆的会议准备的简报。LocSoft 公司是一家处境艰难的初创公司，一直依赖游击营销策略来获取市场份额。克莱奥分析了 LocSoft 公司惨淡的网站流量、不断下滑的社交活跃度和寥寥无几的媒体报道，准确指出定向广告可以在哪些方面助力该公司进入下一个增长阶段。

克莱奥的研究取得了成效，因为 LocSoft 公司的 CEO 向阿曼达承认，他们自己做的广告没有效果，并向阿曼达询问专业建议，希望了解通过付费广告来改善营销效果的最佳途径。

阿曼达展示了一个结合广播、数字音频、展示广告、赞助和社交媒体投放的全渠道营销流程样本。这是克莱奥根据研究和分析准备的方案。林赛很喜欢这个方案，并同意推进一项营销活动。阿曼达暗自欣喜：今天真是好事连连，我简直势不可当！

1:50 PM

阿曼达快速浏览了克莱奥为她准备的简报，下午 2 点，她将与 FelizDog 公司（宠物食品公司）创始人拉斐尔·古铁雷斯进行首次会面。简报内容包括公司概况、拉斐尔的个人简介、主要竞争对手，以及建议提出的挖掘需求的问题。

克莱奥建议，阿曼达可以从拉斐尔热衷的动物救助话题切入，询问他对支持流浪动物领养机构的承诺和贡献。这个话题能引发共鸣，是开启双方首次会面并建立融洽关系的绝佳方式。

3:00 PM

阿曼达当天的最后一项工作是，前往麦当劳区域广告团队的办公室，进行季度营销活动的回顾。在客户的会议室里，她流畅地展示了克莱奥准备的多媒体演示，分享了 iHeartMedia 公司庞大的数字和广播渠道网络的业绩数据。与此同时，阿曼达智能手机上的克莱奥一边聆听一边做着笔记。

凭借克莱奥处理数据和生成易于理解的可视化图形的能力，阿曼达能精准锁定最具成效的营销信息、目标受众和渠道，并将其清晰传达给客户。阿曼达建议进行优化，将麦当劳第二季度的预算重新分配给高转化率的目标受众和黄金时段，同时对新的营销信息进行 A/B 测试。麦当劳团队对这些有价值的信息表示感谢，并认同阿曼达的建议。

阿曼达回想起自己曾经有多害怕这种会议。不是因为她不喜欢与客户相处，而是因为获取她刚才展示的那些信息既耗时又困难，而且通常不准确。客户经常会对她的营销活动回顾提出质疑，对数据提出疑问，这会令她陷入尴尬境地，专业形象大打折扣。

回到车上，阿曼达打开 CRM 准备记录这次会议。克莱奥插话道："我已经把会议记录同步至麦当劳的专属档案。我还更新了媒体投放计划和预算。你想先检查一下，还是让我直接提交审批？"

4:30 PM

回到家后，阿曼达回顾了自己这一天的工作，并安排了下周的日程。克莱奥适时提醒道："温馨提示，商会年度联谊会将于本周四晚举行。我已经分析了宾客名单，并根据他们的职位、职业发展轨迹和人口统计特征，标出了 10 位最值得建立联系的潜在客户。需要我为每位潜在客户建立详细档案吗？"

阿曼达惊叹地吹了声口哨，说道："天啊，克莱奥，没有你我可怎么办啊？你帮我自动处理了那么多烦琐的任务，让我的准备工作比以往任何时候都更充分，使我成了销售高手。有了你的帮助，我能进行更高质量的对话，业绩也比以前更好了。"

她抿了一口奶昔，惬意地靠向椅背："说真的，我简直无法想象回到没有 AI 的那种销售方式。多亏有你，我才有时间专注于人际关系和策略，而不是忙于琐事。随着技术的不断发展，真不知道未来还会有哪些更不可思议的事情？"

　　"感谢你的夸奖，"克莱奥温婉地回应："但真正驱动 iHeartMedia 公司业绩增长的，始终是你卓越的客情维系能力和永不言败的斗志。我的职责，只是助你成为所向披靡的'成交高手'。"听着 AI 伙伴机智的应答，阿曼达会心一笑，为这一天画上了完美的句号。